Amalia Peradejordi

El Tarot
de las
Brujas

EDICIONES OBELISCO

Si este libro le ha interesado y desea que le mantengamos informado
de nuestras publicaciones, escríbanos indicándonos qué temas son de su interés
(Astrología, Autoayuda, Ciencias Ocultas, Artes Marciales, Naturismo, Espiritualidad, Tradición…)
y gustosamente le complaceremos.

Puede consultar nuestro catálogo en www.edicionesobelisco.com

Colección Cartomancia y Tarot
El Tarot de las Brujas
Amalia Peradejordi

1.ª edición: noviembre de 2017
2.ª edición: julio de 2022

Maquetación y diseño de cubierta: *Isabel Estrada*

© 2009, 2017, Amalia Peradejordi
(Reservados todos los derechos)
© 2009, Ricard Magrané por las ilustraciones
(Reservados todos los derechos)
© 2017, Ediciones Obelisco, S. L.
(Reservados los derechos para la presente edición)

Edita: Ediciones Obelisco, S. L.
Collita, 23-25. Pol. Ind. Molí de la Bastida
08191 Rubí - Barcelona
Tel. 93 309 85 25 - Fax 93 309 85 23
E-mail: info@edicionesobelisco.com

ISBN: 978-84-9111-254-9
Depósito Legal: B-15.716-2017

Printed in China

Reservados todos los derechos. Ninguna parte de esta publicación, incluido el diseño
de la cubierta, puede ser reproducida, almacenada, transmitida o utilizada en manera alguna
por ningún medio, ya sea electrónico, químico, mecánico, óptico, de grabación o electrográfico,
sin el previo consentimiento por escrito del editor. Diríjase a CEDRO
(Centro Español de Derechos Reprográficos, www.cedro.org)
si necesita fotocopiar o escanear algún fragmento de esta obra.

Este libro está dedicado a todas aquellas personas que todavía siguen creyendo en la magia y que, en algún momento de sus vidas, soñaron con la aparición de un manual de tarot algo más especial y diferente a los demás. En estos momentos, mi más ferviente deseo es que El Tarot de las Brujas consiga fascinarles y cumplir con todas sus expectativas.

Prólogo

Amalia Peradejordi es una escritora que a lo largo de su carrera ha demostrado poseer un profundo conocimiento sobre la naturaleza, el cosmos y la psicología humana. Lo ha hecho a través de sus obras de astrología: *La Luna, clave del zodíaco* y *Mercurio, el mensajero de los dioses* y también a través de sus maravillosos cuentos en la Agenda de las Hadas, al mismo tiempo que ha versionado y adaptado obras de género fantástico de otros autores y culturas.

Amalia vive en Barcelona, ciudad donde fácilmente se mezclan culturas y donde resulta natural interesarse por la cultura de otros países, tanto por la nuestra como por la de otros. Es una mujer independiente, libre, espontánea, buscadora de la verdad relativa. Se decidió a escribir este libro casi por pura inspiración, sin conocer el resultado del mismo hasta el final, lo que le confiere un toque de frescura y espontaneidad del que carecen muchos libros del género muy bien documentados. Este libro pretende que nos centremos en nosotros mismos para encontrarnos con nuestra parte mágica ancestral, aquella con la que conecta lo que para algunos es nuestro yo interior, para otros nuestra mente, más profunda y subconsciente, y, cómo no, otras personas no lo entenderán, como debe ser...

Hay libros que hablan del TAROT, pero muchos de ellos tan sólo repiten con otras palabras lo que otros autores ya transmitieron en su día; no obstante, esta obra no constituye un libro más sobre el TAROT, sino que posee unas características propias que hacen que se diferencie de él, al mismo tiempo que lo acercan y complementan al más grande de los clásicos. Esta obra es una auténtica inspiración y posee documentación exhaustiva de las fuentes cercanas a la cultura de nuestros antepasados. La intuición y la lógica ancestral, que no siempre está presente en los libros, ha dado lugar a esta obra para ayudarnos a algunos, entretenernos a otros, e inspirarnos a casi todos. Decirles, amigos lectores, que cuando leemos con la mente, llegamos a la superficie, pero algunos libros espontáneamente se leen con el alma y cuando esto ocurre, nos trasladamos a otra época, sentimos una sensación de fuerza que nace de nosotros mismos y aflora como un caudal de energía en nuestra vida. Siempre hay un antes y un después tras una buena lectura…

Amigo lector, si has comprado este libro y estás leyendo estas líneas, sé valiente y déjate llevar por la magia que hay en ti. Agradece a Amalia, la autora, que haya actuado como canal cósmico para ofrecernos este maravilloso regalo, *El Tarot de las brujas*…

Que los vientos de los cuatro puntos cardinales nos acompañen a todos y nos concedan buena fortuna. Gracias por tu aportación, Amalia.

Margarita Arnal Moscardó

Introducción

Todos los aspectos de la vida poseen una parte positiva y otra negativa y, por supuesto, con respecto a la brujería no iba a ser distinto. Como parte positiva podemos destacar su aspecto festivo y su vinculación con la naturaleza, así como su dosis de magia y de fantasía, entre otras cosas. Pero, como parte negativa, no podemos subestimar su capacidad para invocar a las fuerzas del mal (magia negra) ni su poder de destrucción, dentro del cual podríamos incluir una amplia gama de conjuros, de trabajos y de hechizos, capaces de suscitar los más terribles miedos en el ser humano.

Antiguamente, y en particular durante la Inquisición, a la figura de la bruja casi siempre se la solía asociar con el diablo, la herejía y lo maligno. En la mayoría de los casos, eran tan temidas y vilipendiadas como perseguidas. Pero, afortunadamente y según parece, en nuestra época las cosas han cambiado. Atrás quedaron ya los tiempos de persecución y de quema de brujas, esas épocas en las que estas supuestas hechiceras eran vejadas, acosadas sin piedad, cruelmente torturadas y, finalmente, conducidas hasta las plazas de los pueblos y aldeas para ser quemadas públicamente en la hoguera.

En la actualidad, el papel asumido por la bruja en la sociedad moderna ha dejado de despertar estos miedos y temores y de generar tanta aversión. Ahora, por regla general, nuestras brujas son aceptadas, reconocidas y, a menudo, incluso veneradas. Han pasado de ser perseguidas a ser buscadas y consultadas, así como a convertirse en asesoras de muchísimas personas, incluyendo también a más de un personaje público. Han cambiado el más oscuro anonimato por la luz de las cámaras y, aunque pueda resultar increíble, muchas de ellas disponen de sus propios programas de radio y de televisión.

Y si nos referimos al cristianismo, y más específicamente a la Iglesia católica, también podemos encontrar una parte positiva, es decir, este aspecto de bondad, de perdón y de misericordia que tan a menudo suele suscitar en nosotros. Pero, como contrapartida, no podemos negar su aspecto de severidad, de miedo y de intransigencia que, en realidad, muy poco tienen que ver con las enseñanzas y doctrinas de Jesús. Las bases del cristianismo defienden la comprensión, la generosidad, la condescendencia y la igualdad entre los seres humanos. Nos gustaría pensar que anteponen la honradez y la justicia a sus propios intereses y beneficios. Pero, en la actualidad, y con la mano en el corazón, ¿quién de nosotros puede afirmar que la Iglesia católica respeta y acata estos preceptos?

Primera Parte

El Tarot *de las* Brujas

Los 21 arcanos que componen *El Tarot de las Brujas* podrían considerarse el equivalente de los Arcanos Mayores del tarot tradicional. Con respecto a los Arcanos Menores, si el lector desea completar sus tiradas con ellos, puede utilizar los de cualquier baraja de tarot, o incluso los naipes de la baraja española.

Podríamos decir que los 7 arcanos restantes, conocidos como «comodines», actúan como agentes neutralizantes, ya que cuando aparece uno de ellos en una tirada, éste podría considerarse como una especie de «carta extra», una carta cuyo simbolismo arrojará algo más de luz a la interpretación. Las figuras que componen estos «comodines» son elementos muy tradicionales dentro de la brujería. Desempeñan un papel realmente significativo, ya que podemos utilizarlos para ayudar al consultante y aconsejarle con respecto a aquello que le preocupa. Los arcanos que componen estos «comodines» son los siguientes: El Gato Negro, La Lechuza, La Varita Mágica, La Fertilidad, La Escoba, La Hoguera y El Caldero.

La Aprendiz de Bruja

Descripción

Se trata de una bruja situada ante un altar de mármol sobre el cual se pueden ver varios objetos: una copa dorada, una varita mágica, una bolsita cerrada de color rojo y la figura de un pentáculo bordada en el mantel. Cada uno de estos objetos representa un instrumento de sabiduría y de poder. La copa contiene el elixir de la vida, el líquido mágico que nos proporciona la energía y las fuerzas necesarias para proseguir nuestra labor. La bolsita roja alberga todos aquellos conocimientos que la aprendiz de bruja deberá ir adquiriendo durante el transcurso de su aprendizaje. Cada una de las cuatro puntas del pentáculo simboliza a uno de los elementos (fuego, tierra, aire y agua), mientras que la punta superior representa al espíritu divino. Gracias al pentáculo, la bruja podrá aprender a utilizar correctamente los cuatro elementos y tomará conciencia de su importancia dentro de los rituales (rituales de limpieza, de iniciación, ofrendas, etc.). Y, finalmente, la varita mágica simboliza la creatividad, la capacidad para poder cambiar las cosas. Es el instrumento que nos permite el acceso al mundo de la imaginación, de la magia y de la fantasía.

La bruja lleva una túnica muy oscura y un sombrero del mismo color, terminado en punta, y adornado en su centro con una estrella dorada. Está apoyada sobre una escoba, uno de los complementos que más se suelen asociar a la figura de la bruja. El hecho de apoyarse en esta escoba proporciona cierta seguridad a la aprendiz de bruja que, sonriente, parece sentirse muy satisfecha gracias a los conocimientos que está adquiriendo.

Significado de la carta

Sin lugar a dudas, esta carta representa la ingenuidad, la ilusión y las ganas de entrar en el mundo del conocimiento. Es como el niño pequeño que está aprendiendo a andar y que, aun a pesar de caerse, se levanta una y otra vez y vuelve a intentarlo de nuevo. También denota la toma de conciencia del individuo con respecto a su capacidad para utilizar los conocimientos adquiridos a través del estudio.

Tal y como su nombre indica, básicamente, la carta de La Aprendiz de Bruja es de aprendizaje y, precisamente por ello, es la primera de esta baraja. Este arcano le muestra al consultante todo cuanto puede llegar a aprender una joven bruja, así como los medios para hacerlo.

Se trata de una carta muy importante ya que, a partir de ella, se han ido creando todas las demás.

Interpretación cartomántica

Cuando esta carta aparece en una tirada, la mayoría de las veces suele indicar que el sujeto está pasando por un proceso de aprendizaje, tanto a nivel cultural como emocional o espiritual. También puede anunciar que ha llegado el momento de tomar una decisión que, en cierto modo, podría llegar a modificar la vida del consultante.

Las interpretaciones más frecuentes son: iniciación, deseos de aprendizaje, comprensión rápida, facilidad de palabra, buena comunicación. Fertilidad de ideas, creatividad. Inicio de algún estudio o actividad. Apertura de mente y de espíritu. Proceso de maduración. Viaje cultural. Indecisión. Elección obligada.

La Bruja Sabia

Descripción

Esta carta representa a una bruja de edad avanzada, cómodamente sentada en un sillón. La bruja lleva un enorme manto de color azul marino que cubre todo su cuerpo, como si fuese una túnica, y adornado con un cordoncillo dorado a modo de cinturón. La anciana parece hallarse absorta en la lectura del libro que sostiene sobre su regazo. Se trata del *Libro de los Conocimientos*, el libro que toda bruja debe leer con el fin de adquirir el saber y el discernimiento necesario para poder llevar a cabo su cometido durante el transcurso de su existencia y que, en realidad, no es otro que el *Gran Libro de la Vida*.

Sobre su cabeza podemos ver una pequeña corona dorada cuyo centro está adornado con la figura de un ojo: *el ojo que todo lo ve* y que, en cierto modo, equivaldría al famoso «tercer ojo» de algunas culturas.

Podemos afirmar que esta carta nos transmite una sensación de serenidad y de sosiego que nos induce al recogimiento, al estudio y a la introspección.

Significado de la carta

Ante todo, esta carta simboliza el poder de la sabiduría, la supremacía de la palabra con respecto a la acción o a la violencia. Es un ejemplo de entendimiento y de pacifismo que invita al diálogo y a la reconciliación.

Por otra parte, este arcano también podría definir a la perfección el conocido dicho de «más sabe el diablo por viejo que por diablo…» pues, en el fondo, todos los conocimientos que posee la bruja son fruto de la edad, es decir, de las experiencias acumuladas durante el transcurso de los años.

Este naipe puede considerarse un símbolo de madurez, de prudencia y de sensatez. Si comparamos este arcano con el de La Aprendiz de Bruja podemos deducir que mientras que uno nos describe a una bruja neófita, inexperta y en plena etapa de aprendizaje, el otro nos habla de una bruja ya madura que no sólo ha superado esta fase, sino que, además, es capaz de transmitir sus conocimientos a los que la rodean.

Interpretación cartomántica

Cuando en una lectura nos aparece esta carta, podemos deducir que el consultante está pasando, o acaba de pasar, por una etapa de reflexión durante la cual ha tenido que recapacitar sobre alguna cuestión en particular, una cuestión de suma importancia para él y que, probablemente, logrará resolver con gran madurez e integridad.

Las interpretaciones más frecuentes son: honradez, dignidad y sabiduría. Conocimientos adquiridos a través de la edad y de la experiencia. Sentido del deber. Rectitud e integridad moral. Capacidad como mediador. Buenos consejos por parte de una persona mayor. Reconciliación. Magia Blanca. Capacidad de raciocinio, así como para poder ver más allá de lo aparente o lo superfluo.

La Madre Bruja

Descripción

En esta carta podemos ver a una bruja de mediana edad sentada en una mecedora. Su rostro, rebosante de salud, es un auténtico reflejo de lozanía y de vitalidad. Entre sus brazos sostiene una especie de nana de color blanco y la felicidad que emana de sus ojos nos hace suponer que está mirando al bebé que se encuentra envuelto en ella.

Va vestida de azul claro y lleva un mantón de encaje blanco que le cubre los hombros y que hace juego con la nana del bebé. Si bajamos un poco la mirada, a sus pies podemos ver algunas mazorcas de maíz esparcidas por el suelo, símbolo inequívoco de su patente fertilidad. En este arcano predominan los colores claros y ello le proporciona una luminosidad especial que nos invita a la serenidad y al recogimiento y hace que nos sintamos seguros y protegidos, tan seguros y protegidos como pueda sentirse un bebé entre los brazos de su madre.

En resumen, podemos asegurar que tanto la figura materna que aparece en este naipe, como su luminoso colorido, hacen que este arcano sea realmente especial.

Significado de la carta

Sin duda alguna, este arcano es una personificación del aspecto maternal inherente a la mujer y, probablemente, también sea una de las cartas más femeninas (al menos en este aspecto) de todo el Tarot de las Brujas. En realidad, todas llevamos una Madre Bruja en nuestro interior, en particular aquellas personas que hayan tenido la dicha de haber sido madres alguna vez.

Esta figura nos ofrece la viva imagen de la felicidad y su simbolismo se halla estrechamente vinculado al de la fertilidad. Este arcano pone de manifiesto el hecho de que todo ser humano (tanto hombre como mujer) se ha gestado en el vientre de una mujer. Esto es una importante realidad y, sin duda alguna, si meditamos sobre ella, puede darnos mucho que pensar.

Esta carta también se refiere a los inicios, los comienzos, los orígenes y las iniciaciones. *La Madre Bruja* está repleta de simbolismos y de misterios porque, en el fondo, ¿qué puede haber en este mundo que sea más simbólico y misterioso que la vida misma?

Interpretación cartomántica

Cuando aparece esta carta en una tirada, casi siempre suele significar que la persona está pasando por un período de fertilidad, y ello puede ocurrir tanto a nivel creativo como a nivel sentimental o, incluso, en un aspecto puramente físico.

Las interpretaciones más frecuentes son: Influencias femeninas: la hermana, la amiga, la confidente, etc. Importancia de la figura materna. Fecundidad. Semilla que da sus frutos. Sostén, apoyo, seguridad. Apoyos y protección (en particular por parte de alguna mujer). Crecimiento a nivel espiritual. Posible despertar del instinto maternal. Sensibilidad, emotividad, ternura. Capacidad de inventiva. Creatividad. Riqueza emocional. En algunos casos puede indicar embarazo, tanto de la propia consultante como de alguien perteneciente a su círculo más cercano.

El Gato Negro
(comodín)

Éste es el primero de los siete comodines que componen el Tarot de las Brujas, y su cometido, al igual que el de los otros seis, resultará fundamental para la interpretación de una tirada. Para diferenciarlos de los demás arcanos, hemos variado un poco el esquema utilizado con el resto de las cartas. Pero, aunque la forma sea algo distinta, nuestra voluntad sigue siendo la misma, es decir, ser capaces de guiar al lector a través del complicado mundo de la adivinación, utilizando toda una serie de explicaciones que esperamos le resulten lo bastante claras, sencillas y comprensibles.

La imagen que nos ofrece este arcano es la de un enorme gato negro en una postura de salto. Se muestra vigilante y se mantiene al acecho, como si tuviese miedo de ser atacado por sorpresa. En el naipe tan sólo aparece la figura del gato y ello nos obliga a fijar toda nuestra atención en este mágico felino.

Entre otras cosas, a las brujas siempre se las ha asociado con el típico sombrero negro, terminado en punta, con la escoba, el caldero y, por supuesto, con el gato negro.

El gato negro puede ser considerado el mejor amigo de la bruja y, por ello, en cierta forma, podemos deducir que se trata de una carta de amistad. Algunas brujas lo utilizaban como mensajero, por lo que deberíamos considerarlo una especie de intermediario y, de hecho, una de las múltiples interpretaciones que podríamos darle a este comodín es la de una posible llegada de noticias.

Sabemos que, desde el principio de los tiempos, los gatos siempre se consideraron un animal mágico, una especie de animal sagrado. Sin embargo, a partir de la Inquisición, fueron implacablemente perseguidos y exterminados en su mayoría.

Al formar parte activa de la vida de las brujas, los gatos (y en particular los gatos negros) pasaron de ser considerados como animales sagrados a ser considerados animales de mal agüero. Por ello, no cabe duda de que podemos asociar esta carta a los cambios y fluctuaciones de la vida, ya que refleja los posibles contratiempos que podemos llegar a sufrir a lo largo de nuestra existencia y nos previene de que, si bien ahora podemos estar en la cima y muy bien considerados por los demás, también podemos perder todo nuestro prestigio y reputación. Esta carta pone de manifiesto lo efímera que es la línea que separa el éxito del fracaso y asimismo nos avisa de lo fácil que es pasar de estar bendecidos por la suerte y la fortuna a caer en la desgracia y la desesperación.

Interpretaciones más frecuentes para este comodín

Amistad, compañerismo. Cambio de posición, fluctuaciones. Pérdida de credibilidad. Posibles difamaciones, pero que no llegarán a mayores. Toma de conciencia de que todo lo que sube también puede bajar. Llegada de noticias. El consultante deberá adoptar una posición de intermediario dentro de una determinada situación. Tendencia a actuar como paño de lágrimas con respecto a los demás. Necesidad de compañía.

Pócima, ejercicio o ritual, correspondiente

Para dar más énfasis a este naipe, convendría realizar el siguiente ejercicio. Deberemos agazaparnos e inclinar la cintura, con el tórax en posición horizontal y paralelo al suelo. Los brazos deberán bajarse, ya que tendremos que intentar tocar el suelo con la punta de los dedos. La cabeza mirará siempre al frente y hacia arriba. Después, respiraremos profundamente siete veces seguidas (al igual que las supuestas vidas de un gato) y, mientras lo hacemos, deberemos concentrarnos en los poderes mágicos de este fascinante felino y tomar conciencia de nuestra situación actual.

La Bruja de la Paz

Descripción

En esta carta podemos ver a una joven bruja ataviada con una túnica blanca que le llega hasta los pies.

En esta ocasión se trata de una bruja pelirroja que lleva una cinta, también de color blanco, adornando sus cabellos, y con el símbolo de la paz dibujado en su centro.

En este naipe aparece un cielo claro, completamente despejado, en el que brilla el sol con todo su esplendor. Multitud de palomas atraviesan el horizonte y vuelan felices hacia su destino.

La parte inferior de esta carta aparece cubierta por el césped y la Bruja de la Paz permanece de pie y con los brazos extendidos, mientras que una blanca paloma, a la que observa con amor, se ha posado sobre su mano.

La visión de este naipe nos produce una intensa sensación de paz y nos invita a alejar de nosotros toda muestra de agresividad y a intentar convertir este mundo en un lugar mucho más pacífico y habitable.

Significado de la carta

Sin lugar a dudas, este arcano simboliza perfectamente el concepto de paz pues, tanto la visión de la bruja como la de todas esas palomas que sobrevuelan el cielo raso, nos transmiten una verdadera sensación de tranquilidad y de sosiego haciendo que nos olvidemos, al menos por un instante, de cualquier atisbo de agresividad o de violencia.

La ausencia de nubes que caracteriza a esta carta nos induce a pensar en una total carencia de conflictos y nos anima a imaginarnos que la unión entre los seres humanos quizás no sea tan utópica como pudiéramos llegar a creer.

La imagen de las palomas que vuelan en el cielo, nos produce una agradable sensación de paz y de libertad, lo que nos provoca un profundo sentimiento de gozo y de alegría que, sin duda alguna, aumenta nuestros deseos de vivir.

En resumen, podemos afirmar que la Bruja de la Paz es una carta realmente necesaria, una carta que no podíamos olvidar a la hora de confeccionar este tarot.

Interpretación cartomántica

El hecho de que aparezca esta carta en una tirada, sin duda alguna, significará que el consultante está atravesando por una etapa de su vida en la que necesita sentirse en paz consigo mismo y/o con los demás. La Bruja de la Paz suele provocar una agradable sensación de tranquilidad y de armonía, a la vez que nos induce a actuar con menos agresividad y más moderación, y nos ayuda a evitar los conflictos.

Las interpretaciones más frecuentes son: sensación de paz y armonía. Resolución de posibles conflictos. Tendencia a seguir al pie de la letra el conocido lema de vive y deja vivir. Época muy propicia para intentar reconciliarse con un amigo, un familiar, etc. Interés por las agrupaciones pacifistas, tipo O.N.G., grupos ecologistas, asociaciones dedicadas a la defensa de los animales, de la naturaleza, etc.

La Bruja del Amor

Descripción

Este arcano representa la figura de una joven bruja de largos cabellos dorados, que lleva una túnica larga sin mangas, de color blanco, y con un enorme corazón rojo bordado en su centro.

También podemos ver a un pajarito, portador de buenas noticias, que vuela hacia ella.

En esta carta predominan los colores alegres: el azul del cielo, que nos proporciona una idea sobre la magnitud de los sentimientos de la joven, el blanco de su vestido, al que podríamos considerar un símbolo de pureza, y el rojo de su corazón, que pone de manifiesto toda la pasión experimentada por ella.

Su rostro refleja la más completa felicidad, mientras que con su mano sostiene una flor, regalo de su amado. Esta flor es una margarita que deberá deshojar para conocer los verdaderos sentimientos de su enamorado.

El sol brilla en el cielo iluminándolo todo, como si quisiese convertir este momento en algo realmente inolvidable, en un instante tan mágico como la sensación de estar enamorado.

Significado de la carta

Podríamos considerar a este arcano una personificación del amor. Y la dicha que nos transmite la bruja que aparece en esta imagen es una clara muestra de ello.

En esta carta se dan cita multitud de simbolismos, entre los que podríamos destacar el del pajarito, portador de buenas noticias y que, en cierto modo, representaría la ilusión, las esperanzas y la novedad que casi siempre suele conllevar el inicio de un nuevo amor. La figura del corazón que aparece bordada sobre la túnica nos desvela la profunda e incontrolable pasión que despierta el amor en los sentimientos de la joven bruja. Y la margarita nos remite a la idea del «me quiere… no me quiere…» que todos conocemos y que tantas veces hemos utilizado, que refleja los miedos, las dudas e incertidumbres propias de una persona enamorada.

Y, finalmente, podríamos decir que, en cierto modo, este arcano simboliza las uniones y el matrimonio, pero también los engaños y las infidelidades.

Interpretación cartomántica

Cuando aparece esta carta en una tirada, casi siempre acostumbra a predecir la llegada de un nuevo amor en la vida del consultante. Suele ser portadora de buenas noticias y confirmar la realización de algún deseo largamente anhelado por él. Aunque, por otra parte, también podría indicar cierta indecisión a la hora de establecer una elección importante con respecto a sus sentimientos o a su vida en general.

Las interpretaciones más frecuentes son: probable inicio de un amor. Dudas e indecisiones. Elección obligada. Pruebas a superar. Unión, matrimonio. Engaños e infidelidades. Juventud e inocencia. Fantasías sexuales. Posible viaje con la persona amada.

La Bruja de la Suerte

Descripción

Esta carta nos muestra a una bruja de edad indefinida, ataviada con una especie de kimono de color púrpura y adornado en su centro con un enorme trébol verde de cuatro hojas. Sus cabellos son castaños y los lleva recogidos en un moño, sujeto con dos pequeños pasadores en forma de herradura y colocados a ambos lados de su cabeza.

El rostro de la bruja aparece iluminado por una radiante sonrisa que refleja la felicidad más absoluta, esa felicidad que tan sólo puede alcanzarse cuando hemos sido bendecidos por la suerte.

Tras la figura de la bruja aparece una montaña en cuya cumbre podemos ver un pequeño pozo: el pozo de los deseos. Dentro de este pozo se encuentran todas las aspiraciones y anhelos del consultante, que podrán llegar a convertirse en realidad siempre que el sujeto crea en la suerte y ésta lo acompañe.

Significado de la carta

En cierto modo, este arcano representaría lo que nosotros, los mortales, solemos calificar como «suerte». En el fondo, podríamos definir el término «suerte» como toda una serie de sucesos encadenados, fortuitos o casuales, y normalmente, considerados favorables o positivos para el consultante. La figura del trébol de cuatro hojas, así como la de las herraduras que aparecen en esta carta nos reflejan este término a la perfección.

En el arcano predominan los colores vivos, alegres y luminosos, unos colores tan radiantes como los de la vestimenta de esta afortunada bruja. El simbolismo de esta carta también nos invita a reflexionar sobre la importancia de la suerte dentro de la vida del ser humano, así como a tomar conciencia de que, en el fondo, la mayoría de las veces, somos nosotros mismos quienes nos la buscamos.

Interpretación cartomántica

Realmente, el simple hecho de que aparezca esta carta en una tirada, ya de por sí suele ser un buen augurio para el consultante. Ya se trate de una pregunta enfocada hacia el amor, la salud, el dinero o el trabajo, este arcano siempre dará un toque de esperanza a la tirada y, por muy mal que le vayan las cosas al sujeto, siempre tenderá a mejorar la situación.

Las interpretaciones más frecuentes son: Suerte. Buena fortuna. El destino tenderá a mostrarse favorable con el consultante. Posibilidades de conseguir aquello que se desea. Buen momento para probar suerte. Calma tras la tormenta. Optimismo. Éxito. Esperanza. Oportunidades que aparecen por doquier ante el consultante. Feliz culminación de un proyecto.

La Lechuza
(comodín)

En esta carta aparece una hermosa lechuza blanca descansando sobre las ramas de un árbol.

El fondo de este naipe, que representa la noche, es de un tono oscuro, mientras que su cielo, iluminado por las estrellas, hace que la figura de esta lechuza todavía parezca más resplandeciente que nunca.

Al igual que el gato negro, la lechuza también es considerada uno de los animales de compañía preferido por las brujas. Muchas culturas aseguraban que las brujas eran capaces de adoptar el aspecto de una lechuza para poder volar y, así, trasladarse de un lugar a otro. Uno de sus puntos en común es que, al igual que las lechuzas, las brujas son consideradas «seres» de la noche.

A la lechuza siempre se la ha tenido como a un animal mágico y no podemos negar que ese aspecto de magia que la caracteriza también define a la perfección la figura de la bruja.

De acuerdo con algunas tradiciones, y debido a su vinculación con las brujas, las lechuzas se consideran aves de mal agüero.

Sin embargo, en muchas otras culturas, y teniendo en cuenta su similitud con el búho, se las considera portadoras de buenos augurios.

No podemos olvidar que el búho constituye una especie de talismán y que tener la figura de un búho en casa es sinónimo de buena suerte.

Interpretaciones más frecuentes para este comodín

Necesidad de emprender el vuelo y de alejarse de los aspectos más cotidianos de la vida. Sensación de estar embargados por una nueva energía. Capacidad de cambio y de transformación. Época durante la cual el consultante se dejará influenciar mucho por su «buena» o su «mala» suerte. Durante este período, la persona sentirá verdaderos deseos de «vivir» la noche.

Pócima, ejercicio o ritual correspondiente

En este caso se trata de un ritual de protección. Para poder llevarlo a cabo, deberemos permanecer de pie, a ser posible delante de un árbol o de un pequeño altar, que nosotros mismos podemos construirnos, y empezar a subir y a bajar los brazos suavemente, como si estuviésemos volando, a la vez que concentramos nuestros pensamientos en todo aquello cuanto nos preocupa y deseamos alejar de nuestras mentes. Para finalizar este ritual, tendremos que respirar profundamente tres veces seguidas e invocar la protección de las fuerzas de la naturaleza. Veremos cómo, pasados unos minutos, nos sentiremos cargados de una nueva energía y con muchas más fuerzas que antes.

La Bruja de la Montaña

Descripción

En esta carta aparece una anciana bruja caminando lentamente por la cima de una montaña. Su rostro refleja gran sabiduría, mientras que sus largos cabellos blancos ponen de manifiesto tanto su edad como su experiencia. Sobre la frente de esta bruja podemos apreciar una pequeña estrella que parece iluminarla y guiarla a través del oscuro viaje de la vida. La anciana va totalmente vestida de gris, como si quisiese demostrar la ambigüedad de esta existencia y, con su mano, sostiene un bastón para ayudarse a caminar por el escarpado terreno de la montaña. Aunque todo el sendero que ha tenido que recorrer esta bruja para poder alcanzar la cima de la montaña haya estado plagado de obstáculos y de dificultades y le haya resultado muy difícil llegar hasta arriba, ella jamás se ha amilanado, y si ha tropezado alguna vez, siempre se ha apoyado en su bastón para volver a levantarse y, así, poder proseguir su camino.

Significado de la carta

Ante todo, este arcano representa aquello que podríamos considerar como madurez espiritual, es decir, ese grado de reflexión, de sabiduría y de prudencia que casi siempre suele adquirirse con la edad. Aquí, la montaña simboliza la constante búsqueda de nosotros mismos a través de las pruebas y vicisitudes que nos impone la vida.

Pero, al mismo tiempo, el hecho de que la bruja haya alcanzado su cima también significa que, en cierto modo, ha conseguido superar y vencer los obstáculos con los que se ha ido encontrando a lo largo del camino y ha logrado alcanzar un estado interior caracterizado por la entereza, la serenidad y la introspección. Todo ello le ha permitido llegar a ser lo bastante inteligente como para poder forjarse realmente a sí misma y ser capaz de ir mucho más allá de las banalidades y de las cosas puramente materiales de este mundo. Y, finalmente, también podemos asociar a esta carta con la verdad oculta, con la búsqueda de nuestra luz interior, esa luz que todos poseemos, pero que tan sólo nuestra propia Bruja de la Montaña es capaz de ayudarnos a encontrar.

Interpretación cartomántica

Sin lugar a dudas, la aparición de esta carta en una tirada debería invitarnos a reflexionar sobre el rumbo hacia el cual estamos dirigiendo nuestra propia vida, así como a plantearnos toda una serie de preguntas con respecto a nuestra existencia.

Las interpretaciones más frecuentes son: madurez, reflexión, auto examen, toma de conciencia de una situación determinada. Prudencia, sabiduría, introspección. Búsqueda de nuestra propia luz interior. Revelación de una verdad oculta. Objetivo alcanzado tras un duro esfuerzo. Fin de una situación conflictiva. Período de soledad (tanto impuesta como elegida). Preponderancia del mundo interior y espiritual con respecto al de los placeres y de los sentidos. Misoginia.

La Bruja del Lago

Descripción

En esta carta aparece la figura de una joven bruja, desnuda, bañándose en un lago. Las aguas del lago parecen estar muy tranquilas y la bruja se encuentra en el centro de un círculo; el típico círculo que se forma cuando lanzamos una piedra al agua. La imagen que nos transmite esta joven bruja es la de una profunda paz y serenidad. Está sumergida en el agua hasta la cintura y tiene los brazos algo levantados, con las palmas de las manos giradas hacia el cielo.

El lago está rodeado de arbustos sobre los que podemos ver algunos pajarillos. Estos arbustos protegen a la joven, tanto de las inclemencias del tiempo y de los elementos como de las miradas ajenas.

Las cristalinas aguas del lago nos animan a sumergirnos en ellas, mientras que el canto de los pájaros nos invita a relajarnos.

En resumen, la imagen de esta carta parece transmitirnos una profunda paz y serenidad, a la vez que nos aporta una agradable sensación de plenitud y aumenta nuestra alegría de vivir.

Significado de la carta

En cierta forma, esta carta puede considerarse un símbolo de paz y de serenidad. Representa aquellos momentos en los que el ser humano parece tomar conciencia de sus aptitudes y talentos, pero también de sus limitaciones y debilidades. Y aunque en un principio, esto pueda resultarle muy duro, en el fondo es lo que le permite poder sentirse bien tanto consigo mismo como con el mundo en general.

Se trata de una carta que nos invita a la meditación, al análisis y a la autocrítica. Pero, debido a la gran cantidad de agua que aparece en ella, no hay duda de que se trata de una carta en la que los sentimientos y las emociones también cobrarán especial importancia.

Interpretación cartomántica

Cuando, en una tirada, aparece esta carta, casi siempre acostumbra a ser sinónimo de una toma de conciencia por parte del consultante.

Esta toma de conciencia puede tener lugar tanto en el plano mental como en el emocional o incluso en el espiritual.

Este arcano también suele indicar que el sujeto está pasando por un período de su vida realmente fructífero, sobre todo a nivel de sus emociones y de sus sentimientos.

Las interpretaciones más frecuentes son: bautismo, purificación. Sensibilidad a flor de piel. Toma de conciencia. Período de apertura a todos los niveles. Protección. Adaptabilidad frente a las circunstancias o acontecimientos. Prudencia y moderación. Posibilidad de realizar un viaje por agua.

La Bruja Rebelde

Descripción

En esta carta podemos ver a una joven bruja con un aspecto realmente muy poco convencional. Sus largos y rizados cabellos pelirrojos, agitados por el viento, nos proporcionan una idea de libertad y de independencia. Su rostro parece desafiar al mundo, mientras que sus brazos, alzados hacia el cielo, ponen de manifiesto su rebeldía y su necesidad de transformación. Va vestida con una especie de túnica muy corta, con un fondo negro, y decorada con grandes estampados de figuras geométricas en tonos naranjas y amarillos.

La bruja está situada en medio de un gran prado y su actitud de protesta nos reflejar su afán por cambiar las cosas. Parece como si estuviese dispuesta a retar a todo aquel que pudiera cruzarse en su camino y su media sonrisa nos proporciona una idea bastante aproximada de su seguridad y también de su independencia.

Su postura frente al mundo denota una gran dosis de seguridad y de firmeza, así como una ilimitada confianza en sí misma.

La imagen que nos ofrece la Bruja Rebelde es la de una bruja que luchará a capa y espada por defender sus ideales, una bruja que siempre apoyará todas aquellas causas que ella considere justas, aun a pesar de que la mayoría de las veces se trate de «causas perdidas».

Significado de la carta

Ante todo, esta carta simboliza la rebeldía en su estado más puro y nos muestra a un tipo de bruja que tiende a decantarse por lo más novedoso, moderno y original, desechando todo aquello que ya ha quedado obsoleto y fuera de lugar.

En el fondo, nos encontramos ante la personificación de la juventud, la novedad, la ilusión y la rebeldía. Ante nosotros tenemos a una joven bruja llena de vida y con muchas ganas de aprender y de experimentar con los conocimientos. En cierta forma, podríamos relacionar este arcano con el de la Aprendiz de Bruja aunque, en este caso, la bruja tan sólo «aprenderá» aquello que realmente le interese, es decir, todo aquello por lo que pueda sentirse plenamente motivada, y jamás vacilará a la hora de contrastar sus juicios o de poner en duda cualquier valoración que no termine de convencerla.

Interpretación cartomántica

Si al leernos las cartas, nos aparece la Bruja Rebelde, seguramente significará que estamos pasando por una etapa caracterizada por el inconformismo y la rebeldía. Normalmente, esta carta suele indicar un cambio (a menudo radical) con respecto a nuestras apreciaciones, ideas o conceptos.

Las interpretaciones más frecuentes son: inconformismo, imprudencia, extravagancia y rebeldía. Tendencia a evitar los compromisos. Impaciencia, impulsividad, espíritu de contradicción. Espontaneidad y entusiasmo. Facilidad para adaptarse a las nuevas circunstancias; capacidad de renovación. Inconsciencia, falta de disciplina. Dificultad a la hora de valorar los posibles peligros que pueda entrañar una situación determinada. Originalidad y excentricidades que, en ocasiones, incluso pueden llegar a degenerar en esnobismo. Ideas vanguardistas.

La Varita Mágica
(comodín)

En esta imagen podemos ver una magnífica varita mágica que parece ocupar casi todo el naipe. Podemos decir que es la típica varita mágica que todos conocemos, ya que se trata de una vara larga y muy fina, de un color oscuro, y cuya punta aparece adornada con una pequeña estrella dorada. La sensación que nos trasmite es de fuerza y de poder, a la vez que nos proporciona una auténtica esperanza de poder cambiar las cosas.

A lo largo de la historia, a las varitas mágicas siempre se las ha considerado como un símbolo de fuerza y de poder. Nuestros antepasados las empleaban con finalidades mágicas, pero también las usaban para poder encontrar agua, descubrir metales o incluso para recibir energías, tanto positivas como negativas, y así poder determinar el lugar, o lugares, más apropiados para sus fines. Los magos, las brujas, los chamanes y, sobre todo las hadas, utilizan su varita mágica para transformar cosas o personas, para trasladar, cambiar de lugar o hacer desaparecer objetos o seres vivos y también para deshacer maleficios.

Por ello, no resulta extraño que siempre hayan formado parte activa de los cuentos, en particular de los cuentos infantiles.

Cuando éramos niños, todos pudimos leer algún cuento en el que la varita mágica del hada buena premiaba al protagonista, mientras que el hada mala utilizaba la suya para proferir los más terribles conjuros o maleficios. Otra de las utilidades que caracterizan a la varita mágica es la de su enorme poder para trazar dibujos o círculos mágicos en el suelo o en el aire. Probablemente, uno de los círculos más conocidos sea el de protección, un círculo cuyo cometido es separar al individuo de los demás, para protegerlo de la maldad, de los peligros y de los hechizos.

También se utiliza para invocar a los espíritus, alejar las energías negativas, o incluso para remover las pociones mágicas. No podíamos dar por finalizada esta explicación sin añadir que, tradicionalmente, las varitas mágicas suelen tallarse con madera de avellano (o de otros árboles, considerados árboles de poder), pero también podemos encontrarlas de oro, de plata, de cristal, etc.

Interpretaciones más frecuentes para este comodín

Optimismo ante la idea de poder cambiar las cosas. Sensación de fuerza y de poder. Posible premio o castigo por nuestras acciones. Necesidad de poner algo más de magia en nuestras vidas. Protección contra las energías o influencias negativas.

Pócima, ejercicio o ritual correspondiente

En esta ocasión se trata de un ejercicio de magia. En primer lugar, y al pronunciar las palabras mágicas, deberemos trazar un círculo de protección en el suelo. Las palabras mágicas son sumamente poderosas porque quien las pronuncia siempre lo hace con una intención bien definida o un deseo muy concreto. Aunque no siempre sea así, por regla general, en la mayoría de los casos, suele ser el propio interesado quien acostumbra a inventárselas. Una vez trazado el círculo, deberemos situarnos en su interior. Probablemente, pasados unos minutos, empecemos a sentirnos mucho más tranquilos y protegidos y cargados de una nueva energía. Lo más importante es que tengamos la certeza de poder cambiar las cosas y estemos plenamente convencidos de conseguir que se cumplan nuestros deseos. Como es lógico, este ejercicio funcionará mejor cuanta más fe, más fuerza y más energía le transmitamos a la varita en el momento de pronunciar las palabras mágicas.

La Bruja Triste

Descripción

La bruja que aparece en esta carta es la viva imagen de la tristeza y de la desesperación. Sus ojos azules están inundados por las lágrimas, mientras que sus finos y sonrosados labios nos reflejan una profunda melancolía.

La bruja está sentada debajo de un árbol y se apoya en su enorme tronco, confiando en que la fuerza de éste pueda a animarla y mitigar su tristeza. Junto a la bruja aparece un gran pájaro negro que emprende el vuelo y se aleja de ella a toda velocidad.

La protagonista de este arcano aparece totalmente vestida de gris, en consonancia con su actual estado de ánimo. No lleva ningún adorno que pueda proporcionarle una nota de alegría a su impasible rostro o que consiga iluminar tan sombría vestimenta. Nada de lo que ocurre a su alrededor parece importarle y la afligida bruja permanece totalmente inmóvil y con la mirada perdida en el horizonte.

Significado de la carta

Este arcano representa la aflicción en todas sus formas y estados. Las imágenes que aparecen en el naipe nos invitan a reflexionar sobre los aspectos más tristes de la vida.

La bruja parece hallarse absorta en sus lúgubres pensamientos y haber perdido todas sus ilusiones y ganas de vivir. Aparentemente, nada puede devolverle la alegría ni despertar en ella ningún tipo de motivación.

Sin lugar a dudas, el pájaro negro que aparece en la carta simboliza la tristeza, pero, si nos fijamos, podemos ver que ha emprendido el vuelo y parece alejarse de la afligida bruja para ahuyentar los malos augurios.

Interpretación cartomántica

Probablemente, la aparición de esta carta en alguna de las tiradas que puedan (o podamos) hacernos reflejará un estado de ánimo caracterizado por una incomprensible tristeza, un profundo desasosiego y/o una gran inquietud emocional. Resulta obvio que el consultante no está pasando por uno de sus mejores momentos y que esta etapa de su vida es una de las más duras que le ha tocado vivir. Sin embargo, también es cierto que este arcano le ofrece la oportunidad de aprender de sus propios errores y de seguir evolucionando sin dejar de perderse el respeto a sí mismo.

Las interpretaciones más frecuentes son: dudas e incertidumbre. Temores (que la mayoría de las veces no son más que el producto de la imaginación). Pesimismo, desasosiego, inestabilidad. Desesperación y una terrible sensación de vacío. Inquietudes (a menudo carentes de fundamento). Apatía. Falta de motivación. Desidia, hipocondría.

La Bruja del Fuego

Descripción

Esta carta nos muestra a una bruja de edad indefinida situada delante de una inmensa hoguera. Lleva una especie de hábito de gasa en tonos anaranjados, mientras que sus rojos y ondulados cabellos parecen hacer juego con el color del fuego. La bruja sostiene una enorme vela encendida con su mano derecha, mientras que un pequeño candelabro plateado, de tres brazos, adorna su cabeza. Podemos darnos cuenta de que, aun a pesar de ser de noche, tanto la luz de la vela y del candelabro, como la de la hoguera, lo iluminan todo.

El suelo del naipe aparece cubierto de arena fina y en él no se detecta ningún vestigio de vida, como si antes el fuego purificador lo hubiese arrasado todo.

La visión de esta carta nos produce una agradable sensación de calor y hace que experimentemos una gran fuerza interior, así como unas inmensas ganas de vivir pues al fin y al cabo, al fuego siempre se le ha considerado un símbolo de vida.

Significado de la carta

Este naipe simboliza todo aquello cuanto podamos relacionar con el elemento fuego, es decir, con la luz, el calor, la energía, etc.

La bruja que aparece en este arcano es una bruja dinámica y llena de vida, que se deja guiar por sus propios impulsos, pero que a veces, y al igual que el fuego, también puede llegar a perder el control y arrasar todo cuanto se le ponga por delante.

La Bruja del Fuego representa nuestros instintos primarios, así como nuestra energía en su estado más puro. Es como si pretendiese hacer salir al niño que todos llevamos dentro.

En resumen, podemos asegurar que la calidez de este arcano nos transmite un gran entusiasmo y unas enormes ganas de vivir.

Interpretación cartomántica

Cuando aparece esta carta en una tirada, normalmente suele significar que el sujeto está atravesando (o a punto de iniciar) una nueva etapa de su vida. Puede tratarse de una especie de «borrón y cuenta nueva», pues es como si el poder del fuego lo hubiese arrasado todo y, en cierta forma, obligado a la persona a comenzar desde cero.

Las interpretaciones más frecuentes son: aumento de la energía y la vitalidad. Dinamismo y entusiasmo. Exceso de actividad. Situación estresante que no tardará en llegar a su fin. Exaltación, desenfreno y frenesí. Tendencia a sufrir arrebatos y a perder el control. Nuevas ilusiones y ganas de vivir. Amores impetuosos, ardientes y fogosos, a menudo comparables al típico «fuego de paja» que se apaga tan rápidamente como se ha encendido.

La Bruja de las Flores

Descripción

En esta carta podemos ver a una joven bruja, en el centro de un campo, rodeada de flores por todas partes. Sobre sus largos cabellos rubios lleva una pequeña diadema adornada con florecitas blancas, mientras que su cuerpo desnudo aparece cubierto por una enorme guirnalda de flores encarnadas.

La imagen que nos transmite este arcano es de alegría y de pureza. Todo cuanto aparece en él nos proporciona una auténtica sensación de «limpieza» y de bienestar y, a veces, incluso puede parecernos que, realmente, estamos oliendo el perfume de sus flores[1]. Pero, quizás, lo que más nos llame la atención de esta bruja sea su profunda comunión con la naturaleza, es decir, la conexión que parece sentir ésta con todo cuanto la rodea.

La Bruja de las Flores es una bruja joven, jovial y sin complejos, una bruja que siente una verdadera pasión por la vida y que está dispuesta a gozar de todas las ventajas que ésta pueda ofrecerle.

La visión de esta carta despierta nuestro optimismo y nos ayuda a concebir la vida de una forma mucho más alegre y despreocupada.

Significado de la carta

Podríamos considerar a este arcano como un símbolo del optimismo y de las ganas de vivir. De hecho, la Bruja de las Flores es una de las cartas más hermosas de este tarot y nos evoca toda la belleza de esas «pequeñas cosas» que Dios parece haber puesto en nuestro camino para alegrarnos la existencia.

Por otra parte, este naipe también nos describe a la perfección el conocido lema del *carpe diem*, tan utilizado durante el renacimiento. Su visión nos anima a «disfrutar del momento», es decir, a gozar de la vida y de toda su belleza, colorido y esplendor.

En resumen, podríamos decir que esta carta nos permite tomar conciencia de todas esas hermosas «flores» que tenemos a nuestro alrededor pero que, tanto la dureza de la vida como sus sinsabores, tan a menudo nos obligan a ignorar.

---

1. Si el lector así lo desea, puede perfumar cuidadosamente las flores que aparecen en esta carta con unas gotas de aceites esenciales o de su perfume preferido. (*N. de la A.*)

Interpretación cartomántica

Cuando aparece esta carta en una tirada, casi siempre suele indicar que la persona está en buena predisposición para gozar de la vida y de todos sus encantos. Probablemente, el consultante esté pasando por una etapa caracterizada por el optimismo y las ganas de vivir.

Las interpretaciones más frecuentes son: jovialidad, optimismo y juventud de espíritu. Ganas de divertirse y de disfrutar de la vida. Sentido de la belleza y de la estética; desarrollo a nivel artístico. Creatividad. Tendencia a cuidar de los pequeños detalles. Preocupación por el aspecto personal. Probabilidad de recuperación en caso de enfermedad. Período marcado por la diversión los entretenimientos y el ocio. Posibilidad de dejarse llevar por los excesos, sobre todo a nivel lúdico. Propensión a adornar o a maquillar la realidad. Facilidad para dejarse engañar o fascinar por el aspecto externo tanto de las cosas como de las personas.

La Fertilidad
(comodín)

Descripción

En esta carta podemos ver la imagen de un fecundo campo de trigo, ocupado en su centro por dos gigantescas mazorcas de maíz entrelazadas entre sí. La sensación que nos produce este naipe es de abundancia y de riqueza, ya que debemos tener en cuenta que el dorado maíz siempre se ha considerado un símbolo de vida y de fertilidad, pero también de riqueza.

Desde el principio de los tiempos, el hombre ha intentado atraer la fertilidad de mil maneras distintas. Ha utilizado piedras sagradas, llevado a cabo multitud de rituales e incluso ha llegado a ejecutar un sinfín de danzas ancestrales con el objeto de invocar a las distintas fuerzas de la naturaleza, es decir, a la lluvia, al viento, etc.

La mayoría de los rituales realizados con el fin de aumentar la fertilidad se centraban en favorecer las cosechas y la pesca, así como en aumentar el crecimiento del ganado. Durante la cosecha, así como con la aparición de los primeros frutos, los hombres le daban las gracias a Dios y a la Madre Tierra por la abundancia de la cosecha y de los frutos.

Interpretaciones más frecuentes para este comodín

Fertilidad. Creatividad. Período en el que el consultante deberá «sembrar» con el fin de poder llegar a «cosechar» y a recoger sus frutos. Alegría de vivir; comunión con la naturaleza. Posibilidad de embarazo. Época muy creativa a todos los niveles. Semilla que, finalmente, dará sus frutos. Posibilidad de que algo que esperábamos desde hace tiempo se resuelva favorablemente.

Pócima, ejercicio o ritual correspondiente

En esta ocasión se trata de una pócima que podremos preparar siempre que nos sintamos vacíos o deseemos que una determinada situación se resuelva favorablemente. Para ello, y al igual de lo que hicimos con el comodín de El Caldero, deberemos utilizar un caldero de tierra o de acero. Una vez colocado el caldero en el fuego, lo llenaremos de agua (previamente purificada) y le añadiremos los ingredientes necesarios. Normalmente, esta pócima suele prepararse con diferentes semillas, con trigo o con maíz, o sea, con todo aquello cuanto pueda darnos una idea de fecundidad. Después, una vez hiervan todos los ingredientes, deberemos remover la poción con una cuchara, preferiblemente de madera, e invocar a las fuerzas de la naturaleza. También en este caso, podemos pronunciar aquellas palabras con las que nos sintamos más afines, siempre y cuando reflejen claramente nuestras intenciones, es decir, nuestros deseos de que aquello que tanto anhelamos por fin dé sus frutos y llegue a realizarse. Siempre que estemos convencidos de que aquello que pedimos es realmente algo justo y necesario, y que puede llegar a beneficiarnos, sin por ello perjudicar a nadie, sin lugar a dudas, las palabras que pronunciemos nos ayudarán a conseguir nuestros objetivos.

La Bruja de las Nieves

Descripción

La imagen de la bruja que podemos ver en esta carta es algo distinta a las demás. Su aspecto nos proporciona una idea de aparente fragilidad, mientras que sus largos y blancos cabellos contrastan con la juventud y lozanía que podemos apreciar en su rostro. El cuerpo de la Bruja de las Nieves aparece totalmente recubierto de pieles, entre las que podemos destacar las de tonos grises y marrones. En su mano sostiene un enorme témpano de hielo que parece combinar a la perfección con el nevado paisaje.

Aunque, en un principio, este arcano nos transmita una sensación de frialdad e inmovilidad, también nos proporciona un evidente estado de quietud y de sosiego y, en una palabra, de eternidad. A pesar de no aparecer ninguna muestra evidente de vida, podemos presagiar que todo cuanto existe y se mantiene oculto tras esa enorme capa de nieve y de hielo que cubre el paisaje de esta carta está a punto de aflorar.

Significado de la carta

Este naipe simboliza todo cuanto permanece oculto, es decir, todo aquello que todavía no ha llegado, pero que, sin duda alguna, está a punto de hacerlo.

La Bruja de las Nieves refleja una etapa de transición, una especie de estado de hibernación en el que todo parece estar dormido o en reposo; es como si necesitásemos regenerarnos para poder recuperar nuestras energías y actuar con más fuerza que antes.

En esencia, este arcano parece representar todo aquello cuanto tiene que «enfriarse», o incluso llegar a «morir», con el fin de volver a renacer.

La Bruja de las Nieves nos pone de manifiesto el final de un ciclo, caracterizado por la calma y el sosiego, pero también por el miedo y la oscuridad, así como por esa extraña sensación de «estancamiento» que casi siempre suele preceder a todo tipo de cambio o de transformación.

Interpretación cartomántica

El hecho de que en una de nuestras tiradas aparezca la Bruja de las Nieves, probablemente signifique que nuestras vidas están pasando por una etapa de transición. Aunque en la actualidad podamos sentirnos algo perdidos y desorientados, deberemos resignarnos y esperar qué es lo que nos depara la vida en un futuro, por cierto, no muy lejano.

Las interpretaciones más frecuentes son: fuerza interior que no se percibe a simple vista. Aparente fragilidad. Ciclo que finaliza para dar paso a otro nuevo. Frialdad, silencio, oscuridad. Actividad que se suspende o paraliza debido a posibles contratiempos. Demoras, retrasos, estancamiento. Situación ante la cual será preferible mantener una actitud fría y calculadora. Posibilidad de emprender un viaje hacia un lugar en el que haga mucho frío. Vacaciones en la nieve.

La Bruja del Arco Iris

Descripción

En esta carta podemos ver a una bruja, vestida de mil colores, volando en su escoba y con un hermoso arco iris como fondo.

Probablemente, lo que más nos llame la atención de esta carta sea su rico colorido que, sin duda alguna, nos refleja una imagen llena de matices, así como de alegría y de regocijo. Aunque habitualmente la bruja suele ir vestida de negro, en esta ocasión, tal y como he dicho antes, aparece ante nosotros ataviada de mil colores, como si desease mostrarse en consonancia con todos los colores del el arco iris. Subida en su escoba, la imagen que nos transmite esta bruja es la de la más completa felicidad, como si se encontrase liberada de cualquier atadura y se sintiese la «reina de los cielos».

La colorida túnica que cubre su cuerpo es de una gasa de delicada suavidad, lo que hace que parezca todavía mucho más volátil y más etérea. Va descalza, puesto que es consciente de que ya no volverá a necesitar sus zapatos para seguir recorriendo los caminos terrenales. Vuela hacia el arco iris y su rostro refleja la firme decisión de querer alcanzar el cielo con las manos.

Significado de la carta

No cabe duda de que esta carta puede considerarse como un símbolo de luz y de alegría, puesto que cada uno de los siete colores del arco iris nos muestra una cualidad específica.

La apariencia que ofrece esta bruja es de felicidad y de relajación, mientras que sus dorados cabellos, mecidos por el viento, le proporcionan un aspecto de sutileza y de liviandad, pero, sobre todo, de absoluta libertad.

El simbolismo de este naipe nos habla de la importancia de los colores, tanto con respecto a la naturaleza como a la vida en general, y nos invita a dejar de prestar atención a las nimiedades e insignificancias de la existencia y a fijarnos en lo trascendental, es decir, en lo que realmente importa.

Interpretación cartomántica

Por muy dura que sea la situación del sujeto en estos momentos, siempre que aparezca la Bruja del Arco Iris, podremos augurar que no todo está perdido.

Esta carta nos avisa de que al consultante le ha llegado el momento de tomar conciencia, ya que este naipe le proporciona cierto poder de discernimiento, así como la capacidad para saber separar lo superfluo de lo que realmente es importante.

Este arcano también puede indicar que, tras un duro período de luchas y de decepciones, el consultante ha decidido trascender y aprender a superarse en algunos de los aspectos de su vida.

Las interpretaciones más frecuentes son: felicidad, alegría y relajación. Liberación de una situación conflictiva o angustiosa. Elevación espiritual, trascendencia. Sentido del ritmo y de la estética. Suerte dentro de la desgracia, superación de los problemas. Posibilidad de realizar un viaje por aire.

La Bruja de las Mareas

Descripción

La figura que podemos ver en esta carta es la de una hermosa joven que sale de las profundas aguas del mar, con el cuerpo totalmente recubierto por las algas.

Sus voluminosos y acaracolados cabellos rubios están adornados con un sinfín de diminutas estrellas de mar, y la única joya que adorna su cuerpo es un vistoso collar de coral que rodea su cuello. Su rostro se halla muy relajado, contemplando la orilla, mientras que sus grandes y hermosos ojos azules parecen hacer juego con las aguas del mar.

Con su mano sostiene una especie de cetro en forma de tridente y que, en cierta forma, nos recuerda al dios Neptuno.

En la orilla podemos ver algunas caracolas de diferentes tamaños y colores que parecen haber cautivado toda la atención de la Bruja de las Mareas.

Significado de la carta

Ante todo, la Bruja de las Mareas representa los flujos y reflujos de las aguas del mar, lo que simboliza todos los «altibajos» que acostumbran a tener lugar durante el transcurso de nuestras vidas.

Dado que en esta carta abunda el elemento agua, al igual de lo que sucedía en el caso de la Bruja del Lago, no cabe duda de que este arcano también es un claro reflejo de las emociones y de los sentimientos experimentados por el sujeto en el momento de realizar esta consulta.

La Bruja de las Mareas define a la perfección los diferentes estados de ánimo por los que suele pasar el ser humano, ya que, en cierta medida, el flujo y el reflujo de las aguas (pleamar y bajamar) influyen en nuestros propios altibajos, es decir, tanto en nuestras épocas de alegría y plenitud como en aquellas de carencias o de vacío.

Interpretación cartomántica

La aparición de esta carta en una tirada acostumbra a prevenirnos sobre un posible cambio en nuestras vidas y/o en nuestro estado de ánimo. Por regla general, este cambio suele tener lugar de forma inminente y lo único que hace este arcano es confirmarlo.

Las interpretaciones más frecuentes son: serie de sucesos (esperados o fortuitos) que, con el paso del tiempo, siempre acaban por repetirse. Fluctuaciones económicas. Sentimientos a flor de piel. Cambios repentinos. Inestabilidad pasajera, tanto a nivel sentimental como económico, etc. Personas que desaparecen de nuestro entorno habitual para dar paso a otras nuevas relaciones. Posible fin de una amistad e inicio de otra. Momento de seguir el conocido lema de «cuando una puerta se cierra, se abre una ventana…».

La Escoba
(comodín)

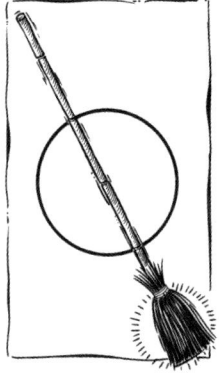

La imagen que aparece en esta carta es la de una escoba que ocupa prácticamente todo el naipe. Se trata de la típica escoba que utilizaban nuestras abuelas, es decir, una escoba de paja con el palo de caña. El fondo de la carta es de un tono oscuro y, al no aparecer nada más en ella, la figura de la escoba destaca todavía más.

No podemos negar que una de las primeras imágenes que aparecen en nuestra mente cuando pensamos en una bruja es siempre la de esa bruja volando con su escoba.

De hecho, siempre se ha creído que, en un principio, las brujas sobrevolaban los cielos montadas en animales voladores y que, con el paso del tiempo, fueron sustituyendo este medio de locomoción por el de la escoba.

Este medio de locomoción es el que perdura aún en nuestros tiempos pues, según algunos autores, las brujas siguen utilizándolo para acudir a los aquelarres.

Sin embargo, por otra parte, también se ha llegado a la conclusión de que estas brujas se frotaban el cuerpo con un ungüento muy especial, el cual les provocaba numerosas alucinaciones y las hacía caer en una especie de delirio durante el cual creían ver muchísimas cosas y vivir múltiples experiencias, en particular la de sobrevolar los cielos con su escoba.

Interpretaciones más frecuentes para este comodín

Actitudes, posturas o situaciones que variarán de forma drástica para dar paso a otras nuevas. Deseos de cambiar de vida, de acabar de una vez por todas con aquello que nos preocupa o nos molesta. La necesidad de modificar aquello que le rodea hará que el consultante pueda idear mil y una nuevas formas de hacer las cosas. Excelente predisposición para terminar con las riñas, las disputas o las antiguas rencillas. El consultante podría estar viviendo toda una serie de experiencias realmente fascinantes o, como mínimo, ciertamente misteriosas.

Pócima, ritual o ejercicio correspondiente

En este caso se trata de un ritual de limpieza que aconsejamos realizar cada vez que nos sintamos con deseos de cambiar las cosas y/o de acabar con alguna situación difícil o conflictiva. El ritual es muy sencillo y para llevarlo a cabo tan sólo necesitaremos disponer de una escoba (cuanto más se parezca a la típica escoba de una bruja, mejor). Deberemos coger la escoba y empezar a barrer en forma de círculo, concentrándonos en todo aquello cuanto nos preocupa y deseamos alejar de nuestras vidas. Mientras lo hacemos, podemos decir: «al igual que la escoba barre el polvo y la suciedad del suelo, así barro yo todo cuanto ensucia o perturba mi vida». De todas formas, las frases que pronunciemos mientras realizamos este ritual pueden ser muy variadas porque, en el fondo, tal y como dije antes, lo que realmente importa son nuestras intenciones y nuestra propia convicción en el momento de pronunciarlas.

La Bruja de la Esperanza

Descripción

En esta carta podemos ver a una bruja de edad indefinida cuyo rostro refleja una inconmensurable bondad. Su mirada, dirigida hacia el cielo, parece estar dándole las gracias por haberle devuelto todas sus ilusiones.

La Bruja de la Esperanza es muy comprensiva, alegre y optimista, ya que se trata de una bruja a la que nada ni nadie puede arrebatarle sus ganas de vivir. Como es lógico, va totalmente vestida de verde y sus adornos, también de este mismo color, le proporcionan un brillo especial, al mismo tiempo que realzan su aspecto.

En este naipe predominan los colores claros y alegres, unos colores que nos proporcionan una auténtica sensación de gozo y de felicidad, de esa felicidad que casi siempre solemos experimentar cuando recuperamos nuestras esperanzas.

En resumen, podríamos considerar este arcano como una señal, como un móvil que nos anima a seguir persiguiendo nuestros sueños y ambiciones.

Significado de la carta

Este arcano es un claro ejemplo de la felicidad, y en concreto de ese tipo de felicidad que nos proporcionan las ilusiones, los deseos y las esperanzas. Simboliza nuestro aspecto más optimista con respecto a las metas y expectativas que nos forjamos a lo largo de la vida.

En esencia, esta carta pone de manifiesto el hecho de que todos necesitamos tener esperanza e ilusiones para poder llevar una vida plena y completa. Si no persiguiésemos ningún ideal, nuestra existencia carecería de interés y nos resultaría triste e insulsa.

El simbolismo de este arcano pretende explicarnos que nada está perdido y que si luchamos realmente por nuestras ilusiones, nadie podrá arrebatárnoslas.

Probablemente, este naipe sea uno de los más esperanzadores de todo el Tarot de las Brujas. A la Bruja de la Esperanza todo le parece posible y no cabe duda de que sigue alimentando sus sueños y confiando en el ser humano. Junto con la Bruja de la Suerte, la del Arco Iris y la de las Flores, la Bruja de la Esperanza puede considerarse una de las cartas más afortunadas de esta baraja.

Interpretación cartomántica

La aparición de esta carta en una tirada nos invita a no darnos por vencidos ante nuestros verdaderos anhelos y nos anima a no perder la fe en nuestras expectativas y a seguir luchando por ellas, por muy inalcanzables que puedan parecernos. También nos recuerda que la verdadera pobreza consiste en la pérdida total de nuestras ambiciones, ilusiones y esperanzas, ya que, sin ellas, la vida del ser humano, aquí, en la tierra, se convertiría en algo realmente insustancial y rutinario.

Las interpretaciones más frecuentes son: Optimismo, alegría y recuperación de las ilusiones perdidas. Fuerza y vitalidad, tanto a nivel físico como mental o espiritual. Objetivos altruistas. Nuevas metas y aspiraciones. Acontecimientos que pueden favorecer los planes del consultante. Facilidad para superar las adversidades. Fuerza de voluntad. Esperanzas recobradas.

La Bruja Moderna

Descripción

Esta carta nos muestra a una bruja de aspecto juvenil, montada en una escoba bastante diferente a las que suelen llevar las brujas más convencionales. Se trata de una bruja algo peculiar, una bruja en la que todos y cada uno de los poros de su piel respiran originalidad.

La Bruja Moderna lleva un vestido muy corto, de terciopelo negro, y adornado con múltiples abalorios. Sus largos y ondulados cabellos castaños se mueven al compás del viento y nos ofrecen un aire de libertad, de audacia y, por supuesto, también de autonomía.

La imagen que nos trasmite esta insólita bruja nos recuerda muchísimo más a la de una joven, dispuesta a acudir a una fiesta, que a la de la típica bruja que suelen describir los manuales de brujería y a la que todos conocemos.

Significado de la carta

El simbolismo de esta carta pone de manifiesto los aspectos más «modernos», tanto de la brujería como de la vida en general. La Bruja Moderna refleja nuestra originalidad y extravagancia, es decir, esa parte de nosotros mismos capaz de rechazar cualquier tipo de atadura o de convencionalismo.

Este arcano nos muestra a una bruja que tiene muy poco que ver con la bruja tradicional. Podríamos decir que se trata de una bruja de la «Nueva Ola», una bruja que, aún a pesar de conservar y de seguir la mayoría de las reglas y enseñanzas de la vieja escuela, lo hace a su manera, es decir renovando y actualizando los antiguos preceptos. Lo que pretende esta bruja es hacer que estos preceptos resulten menos obsoletos y estén mucho más en consonancia con los tiempos que vivimos.

Interpretación cartomántica

La aparición de esta carta en una tirada nos avisa de que ha llegado el momento de cambiar nuestras costumbres, así como muchas de las cosas que hemos hecho hasta ahora. En cierta forma, es como si nos invitase a desprendernos de lo «viejo» para dar paso a lo «nuevo».

Las interpretaciones más frecuentes son: época de cambios. Facilidad para adaptarse a las novedades. Espíritu de renovación. Tendencia a sopesar nuestras creencias e ideologías y a transformarlas en otras mucho más actuales. Liberalidad. Posible cambio de imagen, tanto en el aspecto físico como con respecto a nuestro comportamiento con los demás. Posibles reformas en el hogar; a veces, incluso puede llegar a indicar un cambio de domicilio. Ideas vanguardistas. Interés por las nuevas tecnologías.

La Hoguera
(comodín)

En este naipe podemos ver una gran hoguera encendida que parece iluminar toda la carta. Al igual que lo que sucedía en el caso de la Bruja del Fuego, aquí, la parte inferior del arcano también se encuentra ocupado por un montón de arena fina, y en la carta no aparece ningún otro elemento que pueda desviar nuestra atención.

Sin duda alguna, no podemos ignorar la importancia de las hogueras en la mayoría de fiestas y ceremonias. En la actualidad, su presencia todavía perdura en muchas de nuestras fiestas más tradicionales y un buen ejemplo de ello son las típicas hogueras (o fogatas) de la noche de San Juan.

Las hogueras eran las principales protagonistas de las procesiones nocturnas de las brujas. Éstas acudían a las fiestas, reuniones o asambleas, iluminadas por la luz de las velas y creían que el resplandor de las hogueras las ayudaría a encontrar un camino que las guiase hasta la luz. En estos lugares de reunión, las brujas preparaban las hogueras y, durante sus ceremonias, llevaban a cabo toda una serie de hechizos, de sortilegios y de rituales mágicos.

Pero, como contrapartida, y tras haber comentado alguno de los aspectos más positivos de las hogueras en la vida de las brujas, ahora pasaremos a explicar alguno de los más negativos. Por todos es sabido que, durante las épocas de persecución, las brujas eran conducidas hasta las plazas públicas de los pueblos, ciudades o aldeas y eran quemadas vivas delante de la gente. Así pues, no podemos negar que, tanto para bien como para mal, las hogueras siempre han formado parte activa en la vida de las brujas.

Interpretaciones más frecuentes para este comodín

Posición conflictiva para el consultante; éste deberá pagar por alguno de sus errores del pasado. Búsqueda de nuevos caminos. El horizonte parecerá iluminarse para el sujeto y, tras un duro periodo de trabas y de dificultades, probablemente le haya llegado el momento de comprender y de superar muchas de las cosas que le angustiaban. Posibilidad de estar viviendo una situación al «rojo vivo» que no tardará en estallar. Aunque, seguramente, pueda resultarle algo difícil, el consultante deberá intentar tomarse la vida con mucha más calma y no dejarse «quemar» por las circunstancias que le rodean.

Pócima, ejercicio o ritual correspondiente

En este caso, se trata de un ritual de purificación. Con el fin de dar un poco más de énfasis a este comodín, convendría realizar un ritual con el fuego como protagonista. En primer lugar, si estamos al aire libre, lo ideal sería que encendiéramos una pequeña hoguera (teniendo mucho cuidado de no provocar un incendio), pero si nos encontramos en el interior de una vivienda, lo cual suele ser mucho más frecuente, siempre podemos recurrir a las velas.

Para llevar a cabo este ritual de purificación, tendremos que seguir estos pasos: deberemos situarnos delante de la hoguera (o de la vela) y pedir que este fuego purificador consiga «quemar» y «arrasar» todo aquello cuanto nos angustia y nos libere de todas nuestras imperfecciones. Una vez más, seréis vosotros mismos los encargados de elegir las palabras que vais a pronunciar pero, como siempre, lo realmente importante será vuestra propia convicción en el momento de decirlas. Como ejemplo, he aquí algunas de las palabras que podéis utilizar: «¡Oh, fuego eterno, fuego devorador y purificador, haz que desaparezcan todas mis preocupaciones y ayúdame a superar todas las trabas y dificultades con las que pueda toparme!». Una vez pronunciadas estas palabras, y mientras apagáis la hoguera (o las velas), deberéis confiar en que se cumpla aquello que habéis pedido y dar las gracias al fuego por ello.

La Bruja de los Sueños

Descripción

En esta ocasión, la bruja que aparece en esta carta es bastante más alta que el resto de las brujas del tarot.

Su aspecto es etéreo y sus largos y ondulados cabellos azules se mueven al compás del viento. Tiene los ojos completamente cerrados, como si estuviese soñando, y su apariencia es de una total relajación. Podemos ver a la Bruja de los Sueños montada en su escoba y volando plácidamente entre las nubes, unas nubes tan blancas como copos de algodón y que parecen iluminar todavía más esta estrellada noche de verano. La bruja lleva una túnica bordada con hebras plateadas y adornada con una especie de atrapa sueños a modo de cinturón. Pero en su vestimenta no encontramos ningún otro adorno que pueda distraer nuestra atención. El mero hecho de contemplar este arcano puede producirnos una agradable sensación de somnolencia e incluso llegar a transportarnos hasta el enigmático, aunque siempre fascinante, mundo de los sueños.

Significado de la carta

A través de la imagen de esta bruja, la carta que aparece ante nuestros ojos pretende evocarnos ese misterioso simbolismo que casi siempre suele acompañar a la mayor parte de nuestros sueños.

Aunque en un principio podríamos hacer una distinción entre los distintos tipos de «sueños», es decir, los que se refieren a nuestras quimeras e ilusiones o aquellos que pueblan nuestras mentes, aun estando despiertos, en realidad, los sueños a los que alude este arcano son los que tenemos cuando estamos completamente dormidos.

Este arcano simboliza nuestra naturaleza más oculta, esa parte «animal» que todos llevamos dentro y que tan sólo es capaz de manifestarse plenamente a través del inconsciente, o sea, a través de nuestros sueños.

A nivel adivinatorio, la Bruja de los Sueños es una de las cartas más importantes de toda la baraja. Aumenta las facultades premonitorias del sujeto, así como su interés por todo lo oculto, facilitando su comunicación con otros mundos.

Interpretación cartomántica

Cuando aparece esta carta en una tirada, normalmente suele indicar que el sujeto está pasando por una etapa de su vida en la que los sueños premonitorios suelen cobrar especial importancia. La Bruja de los Sueños nos aporta una visión de la vida mucho más relajada puesto que nos incita al descanso y tiende a hacer que nuestros sueños sean mucho más agradables de lo normal.

Las interpretaciones más frecuentes son: aumento de la imaginación, de los sueños y premoniciones. Interés por todo lo oculto, lo misterioso, lo desconocido. Posibilidad de pasar por alguna experiencia relacionada con lo paranormal o con el espiritismo. Miedos infundados, alucinaciones, espejismos y, a veces, incluso pesadillas.

La Bruja Guerrera

Descripción

La bruja que podemos ver en esta carta posee un aspecto sano y robusto y de su cuerpo emana una gran vitalidad. Va recubierta con las pieles de una oveja y con su mano derecha sostiene una pequeña lanza. Sus largos y ondulados cabellos castaños están adornados con una especie de cinta de color blanco colocada sobre su frente. Sus grandes ojos oscuros parecen querer retar al mundo y a cualquiera de los presuntos enemigos que pudieran osar desafiarla. La bruja aparece de pie sobre un terreno pedregoso, al acecho, como si estuviese a punto de enfrentarse a algún animal salvaje y peligroso.

En este naipe podemos ver algunos arbustos rodeando a esta osada guerrera y el tipo de vegetación predominante es particularmente silvestre. La imagen que nos transmite este arcano es sumamente agreste, pues, tanto la figura de la bruja como el paisaje en sí mismo son realmente salvajes. El provocativo rostro de la bruja nos induce a pensar que está acostumbrada a luchar con valentía y que su inherente osadía jamás la hará huir de los posibles peligros o desafíos.

Significado de la carta

Esta carta parece simbolizar toda la fuerza y energía de la diosa Diana, la Gran Madre, y nos muestra a una bruja intrépida, valiente y audaz, una bruja capaz de todo con el fin de defenderse a sí misma y a los suyos de los posibles peligros que puedan acecharles. La Bruja Guerrera representa nuestros instintos más primarios, el aspecto más salvaje de nuestra personalidad y la fuerza motora que nos impulsa a seguir luchando y a querer proteger todo aquello que consideramos nuestro.

Este arcano parece despertar en nosotros el afán de supervivencia y nos muestra el camino que tenemos que seguir para poder alcanzar aquello que tanto anhelamos, es decir, aquello que no dudaremos en proteger y en defender con uñas y dientes por muy difícil que nos resulte.

Probablemente, ésta sea la bruja más luchadora y más fuerte de toda la baraja, ya que posee una gran fuerza, y ya no sólo física, sino también espiritual.

Sin embargo, se trata de una bruja algo primaria, impulsiva, instintiva y a menudo incluso un poco agresiva, una bruja con tendencia a dejarse llevar por sus arrebatos, así como por sus frecuentes ataques de genio.

Interpretación cartomántica

La aparición de esta carta en una tirada nos indica que ha llegado el momento de luchar por algo en concreto y de hacer valer nuestros derechos, aunque para ello nos veamos obligados a tener que utilizar la fuerza.

Las interpretaciones más frecuentes son: espíritu de lucha, fortaleza, vigor. Dominio de la situación. Experiencias enriquecedoras, aunque no carentes de conflictos. Discusiones, opiniones contradictorias, polémica, desacuerdos y posibles enfrentamientos. Situaciones insostenibles que nos impulsan a utilizar todas nuestras energías para poder superarlas. Preponderancia de la fuerza por encima de la razón, de la palabra o del diálogo. Aumento de la vitalidad y de la energía. Período caracterizado por un exceso de actividad. Época en la que tendemos a conseguir muchos «trofeos», tanto a nivel personal como profesional o sentimental.

El Caldero
(comodín)

Y, finalmente, éste es el último comodín de la baraja: el comodín del Caldero. La carta nos muestra un enorme caldero de acero que ocupa prácticamente todo el naipe. Este humeante caldero mágico parece invitarnos a preparar en él todo tipo de pócimas y brebajes.

Desde tiempos inmemorables, al caldero siempre se le ha vinculado con las brujas. Existen muchos tipos y tamaños de calderos: de tierra, de acero, grandes, pequeños, etc. Pero, normalmente, casi siempre suelen ser bastante grandes y de acero. Gracias a la magia del caldero, lograremos combinar las energías e influencias de los cuatro elementos y preparar en él poderosas pócimas que luego podremos utilizar para nuestros fines. El caldero también se emplea en una gran variedad de rituales: de amor, de protección, de superación, etc., así como para invocar la fuerza de los cuatro elementos, es decir, del fuego, de la tierra, del aire y del agua.

El caldero, al igual que el gato negro, la escoba, o las hogueras, siempre ha formado parte activa de la vida de las brujas. De hecho, cuando pensamos en una bruja, lo primero que aparece en nuestras mentes casi siempre suele ser la imagen de esta bruja volando con su escoba o preparando y removiendo algún brebaje mágico en su humeante caldero.

Aunque no podemos negar la estrecha relación entre el caldero y las brujas de la antigüedad, debemos tener en cuenta que, en la actualidad, esta relación todavía perdura y que, al igual que hicieran sus predecesoras, hoy en día, las brujas modernas siguen venerándolo y utilizándolo para preparar sus propias pócimas.

Interpretaciones más frecuentes para este comodín

Creatividad. Posibilidad de estar viviendo un sinfín de situaciones distintas a un mismo tiempo. Probablemente, durante esta época, el consultante se sienta atraído por las medicinas alternativas: homeopatía, aromaterapia, flores de Bach, etc. y/o por los métodos naturales: hierbas, ungüentos, etc.

Pócima, ritual o ejercicio correspondiente

En esta ocasión se trata de preparar una pócima muy especial y, para ello, deberemos utilizar un caldero de tierra o de acero. Para la pócima, emplearemos diferentes hierbas, dependiendo del tipo de ritual que deseemos realizar. Una vez colocado el caldero en el fuego, le pondremos el agua necesaria (una vez purificada) y, cuando rompa a hervir, añadiremos las hierbas correspondientes. Después, mientras removemos la poción con una cuchara de madera, pensaremos en la persona, o personas (podemos incluirnos a nosotros mismos), a la que deseamos ayudar. Cada uno de nosotros puede pronunciar las palabras que prefiera, es decir, aquellas con las que se sienta más a gusto, pues, aunque las palabras sean importantes, mucho más lo es el fervor con el que las expresemos. Indudablemente, las buenas intenciones siempre repercutirán de forma positiva en la persona que haya preparado la pócima.

He aquí un ejemplo de las hierbas que deberemos emplear en tres de los rituales más conocidos:

Ritual para la salud: en este caso, las hierbas que tendremos que utilizar serán la angélica, la manzanilla y la menta.

Ritual para el dinero: las hierbas más habituales para este tipo de ritual son la albahaca y el laurel.

Ritual para el amor: las hierbas más propicias para los sentimientos son el romero, la hierba Luisa, la lavanda y la verbena.

La Bruja del Laberinto

Descripción

En esta carta podemos ver el enigmático rostro de una bruja con un punto de interrogación tatuado en su frente. Como fondo aparece un enorme laberinto que ocupa todo el naipe. La mirada de la bruja parece estar perdida en el horizonte y sus largos cabellos no cesan de agitarse al ritmo del viento. El hecho de que su mirada esté perdida en el horizonte nos demuestra que se siente algo confundida y desorientada.

El laberinto que aparece en esta carta nos describe a la perfección la incertidumbre, la indecisión y las dudas que caracterizan a la protagonista de este arcano.

En la carta predominan los tonos más bien oscuros y la figura del laberinto nos evoca el estado de confusión y de caos al que se halla sometida esta bruja. Se siente totalmente perdida y sin rumbo y parece centrar todo su afán en intentar resolver esa incógnita que tanto le preocupa.

Significado de la carta

En cierta forma, esta carta podría considerarse un símbolo de la incertidumbre, es decir, de las dudas y vacilaciones que acostumbran a asaltar al ser humano durante algunas etapas de su vida.

Esta bruja nos transmite a la perfección ese típico estado de desasosiego y de confusión que parece adueñarse de nosotros cada vez que no sabemos hacia dónde encaminar nuestros pasos y dudamos sobre el rumbo que deberían de seguir nuestras vidas.

Sin embargo, en esta carta, no todo tiene porqué ser necesariamente negativo, ya que si bien la Bruja del Laberinto puede inducirnos a las dudas e incluso a hacernos adoptar algunas decisiones erróneas, no debemos olvidar que sin ella jamás avanzaríamos en el camino de la vida y que, precisamente, son todas estas dudas y vacilaciones las que nos permiten madurar como personas.

Este arcano, símbolo de duda y de incertidumbre, también puede convertirse en el arcano de la superación y del éxito. Todo dependerá de la actitud que adoptemos a la hora de enfrentarnos a los acontecimientos de la vida, así como de nuestra capacidad para tomar las riendas de nuestro propio destino.

Interpretación cartomántica

La aparición de la Bruja del Laberinto en una tirada acostumbra a significar que existe cierta falta de perspectiva en la vida del sujeto. Probablemente, el consultante esté pasando por una etapa de dudas y vacilaciones que podrá superar con mayor o menor dificultad dependiendo de las cartas que acompañen a este arcano.

Las interpretaciones más frecuentes son: vacilaciones, dudas y titubeos. Falta de decisión. Incertidumbre ante el futuro. Falta de perspectivas. Problemas en el momento de establecer prioridades. Pensamientos entrecruzados. Influenciabilidad. Dificultades a la hora de encontrar nuestro propio camino. Rumbo equivocado. Decisiones erróneas. Puertas que se cierran, pero con la posibilidad de que se abran otras mejores. Situaciones ambiguas.

La Bruja Lunar

Descripción

La imagen que nos muestra esta carta es la de una noche oscura, pero iluminada por cuatro pequeñas lunas en sus diferentes fases: creciente, llena, menguante y nueva. Bajo estas lunas, podemos ver la figura de una hermosa y etérea bruja que intenta alcanzarlas con sus brazos.

La Bruja Lunar aparece ataviada con una especie de túnica plateada, de gasa, y casi tan vaporosa y etérea como ella. Su pálido rostro, iluminado por la luz de estas lunas, refleja una gran serenidad y, aunque sus ojos aparecen cerrados, sus labios esbozan una leve sonrisa.

La parte inferior de este naipe aparece prácticamente vacía, pues tan sólo nos muestra un terreno pedregoso y carente de vegetación, que nos invita a centrar toda nuestra atención en el cielo y en sus lunas.

Significado de la carta

A través de la imagen que nos ofrece esta carta, podemos llegar a la conclusión de que simboliza a la perfección nuestra naturaleza más lunar, es decir, todos aquellos aspectos de nuestra personalidad que, de uno u otro modo, se hallan estrechamente vinculados a este planeta.

La Bruja Lunar refleja nuestros sentimientos y emociones, así como nuestra capacidad de recepción y nuestro mayor o menor grado de imaginación.

Este arcano nos muestra hasta qué punto podemos sentirnos influenciados por la luna, es decir, por las ilusiones (verdaderas o falsas) y los espejismos que ésta pueda llegar a crear en nosotros. También nos proporciona cierto magnetismo y poder de seducción, así como una gran capacidad para los cambios.

Interpretación cartomántica

Cuando aparece esta carta durante el transcurso de una tirada, normalmente suele significar que el consultante está pasando por un período de su vida en el cual se sentirá mucho más sensible y vulnerable de lo habitual. Seguramente, la variabilidad y la inconstancia, así como los continuos cambios de humor, también formarán parte de esta etapa.

Las interpretaciones más frecuentes son: gran predominio de la imaginación y de la receptividad, tanto a nivel mental como emocional. Aumento de la intuición y mayor percepción de las cosas que ocurren a nuestro alrededor. Magnetismo y poder de seducción. Tendencia a llevar una vida mucho más cómoda y tranquila de lo habitual. Deseos de estar en familia y necesidad de recogimiento.

Segunda Parte
Ejemplos *de* Tiradas

Realmente, existen muchas formas de echar el tarot, muchas maneras de colocar las cartas con el fin de hacer una lectura completa. En el caso de que quien nos lea las cartas sea otra persona, su labor consistirá en ser una especie de intermediario. Esta persona lo único que hará será sacar a la luz toda una serie de cosas de nuestro pasado, de nuestro presente o de nuestro futuro; unas cosas que, en el fondo, la mayoría de las veces nosotros ya intuíamos.

La mayoría de los que leen las cartas suelen atribuirles distintos significados, dependiendo de que éstas salgan al derecho o invertidas; sin embargo, una minoría, entre la que me incluyo, preferimos leerlas siempre al derecho pues si el tarot puede considerarse un libro, entonces, tal y como en una ocasión preguntó alguien muy sabio: «¿quién puede leer un libro al revés?».

Entre los distintos ejemplos que se pueden utilizar para echar las cartas del Tarot de las Brujas, me he decantado por estos siete. Aunque todos ellos resulten bastante prácticos y concisos, no cabe duda de que el lector siempre podrá sustituirlos por otros que le resulten más familiares o afines.

Y, finalmente, he aquí unos cuantos consejos prácticos para antes de iniciar las tiradas.

En el caso de que las cartas no nos las lea un profesional y nos las echemos nosotros mismos, o algún amigo, jamás tendremos que abusar de ellas, es decir, que no deberemos «marearlas» consultándolas todo el rato. Resulta sumamente curioso observar que la mayoría de las veces, cuando repetimos la misma pregunta una y otra vez, las respuestas acostumbran a ser muy parecidas, es decir, que aun a pesar de que las cartas que nos salgan no sean las mismas (aunque a veces sí puedan serlo), en el fondo, su significado suele ser muy semejante.

En el momento de iniciar la tirada y durante el tiempo que dure, deberemos evitar cruzar las piernas. Algunas personas creen que cruzarlas atrae las influencias negativas, mientras que otras afirman que dificulta la capacidad de concentración de aquel que lee las cartas. Aunque nosotros no estemos de acuerdo y no nos creamos nada de esto, en realidad, el hecho de respetar esta premisa y no cruzar las piernas durante la tirada, en el fondo, tampoco tiene por qué suponernos un gran esfuerzo.

Por último, y antes de empezar una tirada, deberemos alejar cualquier pensamiento de nuestra mente y concentrarnos exclusivamente en la pregunta. Si actuamos de este modo, será más fácil que el significado de las cartas aparecidas nos resulte más claro y adquiera mayor sentido.

Puesto que de lo que se trata aquí es de mostrar el significado de las cartas del Tarot de las Brujas, me he limitado a utilizar los Arcanos Mayores.

Cada vez que vayamos a hacer una tirada, tendremos que ordenar los Arcanos Mayores en orden creciente, empezando por la primera carta, es decir, por la de la Aprendiz de Bruja, hasta llegar a la última, es decir, a la de la Bruja Lunar.

Sea cual sea el tipo de tirada que vayamos a realizar, he aquí unas cuantas premisas que siempre deberemos respetar: el consultante deberá formular su pregunta al mismo tiempo que mezcla las cartas en el sentido contrario al de las agujas del reloj. Después, con la mano izquierda, deberá recogerlas, hacer tres cortes, volver a juntarlas y entregárselas a la persona que vaya a leérselas. Ésta le pedirá que diga un número del uno al veintiocho. El tirador irá contando y pasando las cartas hasta llegar al número de la carta indicada por el consultante y tomará la carta siguiente. Es decir, que si el consultante ha elegido el número quince, el lector contará quince cartas y utilizará la que hace dieciséis.

La tirada del Sí y del No

Quizás éste sea el ejemplo de tirada más sencillo y directo de todos. En este caso, sí que deberemos tener muy en cuenta el hecho de que las cartas salgan al derecho o invertidas, puesto que en ello radicará la clave de la interpretación. Esta tirada resulta ideal cuando tenemos dudas con respecto a una determinada situación y necesitamos una respuesta rápida a nuestras preguntas. Deberemos realizar esta tirada de la siguiente forma:

Tras mezclar bien la baraja, se harán tres cortes con la mano izquierda y se recogerán con esa misma mano. Las cartas se colocarán de derecha a izquierda, pero se leerán de izquierda a derecha. Así pues, empezaremos por la número siete, después por la seis, y así sucesivamente. Si sale la mayoría de cartas al derecho, la respuesta será «sí», mientras que si la mayoría de las cartas salen invertidas, entonces será «no». Si nos salen tres cartas al derecho y tres invertidas, entonces, el «sí» o el «no» lo determinará la carta central, es decir, la número cuatro, que siempre colocaremos un poco más arriba que las demás.

En el caso de que nos conformemos con un «sí» o con un «no», podemos utilizar esta tirada en su forma más simple, pero si necesitamos algo más de luz sobre el asunto, la lectura de izquierda a derecha nos revelará una mayor información con respecto a nuestra pregunta.

La carta número siete representa el pasado en general; la seis, los obstáculos del pasado; la cinco, las influencias positivas del pasado; la cuatro (que es la más importante), la situación actual; la tres, el futuro en general; la dos, los obstáculos del futuro y, finalmente, la uno representa las influencias positivas de ese futuro.

Por ejemplo, imaginemos que alguien tiene en mente hacer un viaje y que lo único que quiere saber es si va a poder realizarlo o no.

Después de haber mezclado y colocado las cartas (siempre boca abajo) tal y como hemos descrito anteriormente, al girarlas, podemos ver que cuatro de ellas (incluida la del centro) están al derecho, mientras que las otras tres salen invertidas. Así pues, sin lugar a dudas, la respuesta a esta pregunta será un «sí».

Ahora, supongamos que la persona no se conforma con un «sí» o con un «no» y desea profundizar algo más sobre la pregunta. Bajamos las siete cartas de derecha a izquierda, les damos la vuelta, y empezamos a estudiarlas de izquierda a derecha. Imaginemos que las cartas que salen son las mismas que antes y que, además, están colocadas de la misma forma.

Tal y como podemos ver en la **carta número siete**, es decir, la del pasado en general, aparece la **Bruja de las Nieves invertida**, lo que significará que el consultante ha estado experimentando un período de transición. Probablemente haya finalizado un ciclo de su vida y esté a punto de empezar otro. Aunque haya pasado por una época de calma, sin grandes cambios ni sobresaltos, el sujeto parece estar dispuesto a buscar nuevas emociones en su vida como, por ejemplo, emprender un viaje. Debemos tener en cuenta que la Bruja de las Nieves también puede provocar retrasos o demoras. Además, si consideramos que la carta está invertida, no sería de extrañar que en un pasado no muy lejano ya haya tenido que posponer este viaje en más de una ocasión.

La **carta número seis**, la que pone de manifiesto los obstáculos que hayan podido tener lugar en el pasado, está representada por la **Bruja Moderna** en posición **invertida**. Podríamos decir que el consultante ha estado sufriendo una especie de lucha interior, una lucha que le ha obligado a plantearse el hecho de seguir pensando y actuando como siempre, o bien llevar a cabo un drástico cambio en su forma de hacer las cosas. Lo que sí está claro, puesto que se trata de la carta que representa los obstáculos del pasado, es que tanto si ha cambiado como si no en su forma de proceder, el sujeto se habrá encontrado con serias dificultades a este respecto.

La **carta número cinco**, la de las influencias positivas del pasado, es la última carta que aparece **invertida**. En esta ocasión, se trata de un comodín, el **comodín del Gato Negro**. Si nos fijamos en este arcano, recordaremos que entre sus múltiples significados está el de una probable llegada de noticias, por lo que no sería de extrañar que el sujeto hubiese recibido una noticia que le haya hecho reconsiderar la posibilidad de realizar o no este viaje. Sin embargo, la presencia del Gato Negro en una tirada también suele conllevar algún que otro contratiempo por lo que, seguramente, este viaje entrañará algún problema procedente del pasado. Quizás el consultante haya tenido una mala experiencia con respecto a algún viaje y esto hace que mantenga una actitud vigilante y se muestre algo reacio y desconfiado ante esta nueva posibilidad de viajar.

En la **carta número cuatro**, que es la más importante de toda la tirada, podemos ver a la **Bruja del Laberinto al derecho**. Al estar situada aquí, esta bruja nos sugiere que, en la actualidad, el consultante está pasando por una etapa de dudas y vacilaciones. Probablemente, ahora se sienta algo inseguro ante la perspectiva del viaje y el mero hecho de tener que tomar una decisión a este respecto le resulte bastante agobiante. No obstante, no podemos olvidar que esta carta está al derecho y, por ello, lo más probable es que, al final, el sujeto pueda resolver sus dudas y logre decantarse por la decisión más adecuada.

La **carta número tres** está representada por la **Bruja de la Esperanza**. A primera vista, y si tenemos en cuenta que se corresponde con el futuro en general, obviamente, podemos predecir que este futuro puede llegar a ser bastante afortunado y optimista. Es como si ante el consultante se abriese todo un abanico de esperanzas y oportunidades. A pesar de que su situación actual resulte algo confusa, no cabe duda de que, en un futuro, y en relación con esta pregunta, el sujeto logre alcanzar sus metas.

En la **carta número dos**, que es la que representa los obstáculos del futuro, aparece la **Bruja Guerrera**. Recordemos que esta bruja proporciona una gran fuerza y energía y, aunque en el pasado el consultante haya podido vivir una época sin grandes cambios ni novedades, determinada por la Bruja de las Nieves, tras ese período de transición todo parecerá volver a cobrar vida. Debemos tener en cuenta que la carta está **al derecho**, por lo que aun a pesar de los conflictos y de lo insostenible que pueda parecer la situación, el consultante contará con una fortaleza y una energía que le permitirá poder llegar a vencer cualquiera de los obstáculos que se le presenten.

Y, finalmente, en la **carta número uno** (que es la última que leeremos), podemos ver a la **Bruja de la Suerte**. Si tenemos en cuenta que este arcano nos describe las influencias positivas del futuro y que, además, está colocado **al derecho**, podemos llegar a la conclusión de que el destino tenderá a mostrarse bastante benévolo con el consultante. Atrás quedaron ya las dudas e incertidumbres para dar paso a un futuro realmente esperanzador y repleto de posibilidades. Por otra parte, y puesto que esta carta también favorece la culminación de los proyectos, lo más probable es que el sujeto tenga la oportunidad de llegar a realizar este viaje con éxito.

Ahora, aunque no nos extenderemos tanto en el ejemplo, estudiaremos un caso cuya respuesta sea «no». A una persona, que lleva muchos años trabajando en la misma empresa, le han ofrecido un nuevo trabajo mucho mejor remunerado. Como va pasando el tiempo y todavía no ha tenido noticias al respecto, quiere saber si, al final, va a conseguir o no este nuevo puesto.

Mezclamos las cartas de la baraja y las colocamos al igual que hicimos en el ejemplo anterior. Podemos ver que cinco de las cartas han salido invertidas, mientras que tan sólo dos de ellas están al derecho. Así pues, queda bastante claro que la respuesta a esta pregunta será que no.

En la **carta número siete**, o del pasado en general, podemos ver a la **Aprendiz de Bruja al derecho**. Probablemente esto signifique que, en el pasado, el consultante ha podido utilizar este trabajo como forma de aprendizaje. Quizás ésta haya sido, si no la primera, al menos una de las primeras ocupaciones que ha podido tener el sujeto. Seguramente, en este trabajo, habrá aprendido muchas cosas e incluso es posible que haya podido formarse profesionalmente.

La **carta número seis**, o la de los obstáculos del pasado, se halla representada por la **Bruja de la Paz**. Recordemos que este arcano incita a evitar la violencia a toda costa. Sin embargo, y puesto que está **al revés**, probablemente, en el pasado, el consultante haya podido toparse con múltiples obstáculos y dificultades, pero su necesidad de gozar de paz y de armonía en el trabajo, seguramente, le habrá ayudado a evitar algún que otro conflicto.

En la **carta número cinco**, que es la que representa las influencias positivas del pasado, aparece la **Bruja Sabia**. Este arcano simboliza el entendimiento y el diálogo entre las personas, por lo que, en ciertos aspectos, su significado será bastante similar al del arcano anterior. Si tenemos en cuenta que la carta ha salido **al derecho**, podemos deducir que el consultante ha podido adquirir una gran experiencia en su trabajo y ha demostrado ser un empleado sumamente íntegro y con un verdadero sentido de la justicia y del deber.

La **carta número cuatro**, que es la que nos describe la situación actual, representa a la **Bruja de la Montaña** en posición **invertida**. Si tenemos en cuenta el significado de esta carta, podemos intuir que al consultante le ha costado mucho llegar hasta donde ha llegado. Probablemente, en su trabajo, nadie le haya regalado nada, sino que habrán sido sus propios méritos y esfuerzos los que lo han conducido hasta aquí. Sin embargo, y como la carta ha salido al revés, no sería de extrañar que el sujeto pueda sufrir a causa de los celos y las envidias de algunos de sus compañeros de trabajo. Pero, gracias a su propia madurez, así como a su toma de conciencia de la situación, sabrá llevarlo de la mejor manera posible.

En la **carta número tres**, que es la que nos explica el futuro en general, podemos ver a la **Bruja del Lago** en posición **invertida**. Es posible que, finalmente, en su trabajo, el consultante haya aprendido a valorar sus propias aptitudes. En realidad, y a pesar de los múltiples percances o contratiempos laborales que pueda llegar a tener en un futuro (recordemos que la carta está invertida), el sujeto tenderá a sentirse respaldado y protegido. Con respecto a la posibilidad de cambiarse de empresa, el hecho de que en la Bruja del Lago aparezca una gran cantidad de agua nos induce a pensar que los sentimientos y emociones del consultante serán muy importantes en el momento de adoptar su decisión final.

En la **carta número dos**, que es la que representa los obstáculos del futuro, vuelve a aparecer de nuevo la figura del **Gato Negro en posición invertida**. Recordemos que este «comodín» podía indicar una posible llegada de noticias, por lo que no sería de extrañar que, aunque con cierto retraso, en un futuro, al consultante se le comunicase por fin la decisión que ha estado esperando durante tanto tiempo.

Y, por último, la **carta número uno**, o la de las influencias positivas del futuro, está representada por la **Bruja del Arco Iris**, en posición **invertida**. Recordemos que la respuesta a la pregunta del sujeto era un «no»; por ello, la presencia de la Bruja del Arco Iris en esta tirada hará que, en el fondo, el consultante pueda sentirse realmente liberado ante la idea de no tener que cambiarse de trabajo. Probablemente, dentro de la desgracia de no haber conseguido acceder a un puesto de trabajo mucho mejor remunerado que el actual, el sujeto tomará conciencia de las ventajas de su situación y sabrá valorar sus aspectos más positivos.

La tirada de la cruz

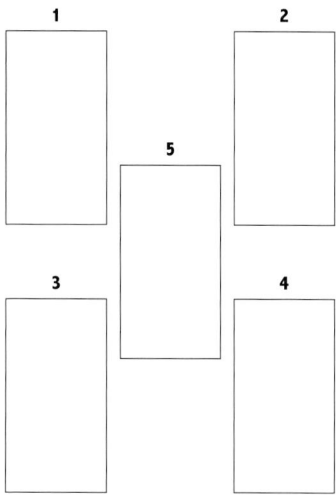

Éste es otro método muy sencillo y, al igual que el anterior, también nos servirá para dar una respuesta rápida a la pregunta que nos haga la persona. Después de que el lector haya ordenado la baraja y el consultante haya mezclado y recogido las cartas, al mismo tiempo que formula su pregunta, el lector le pedirá cuatro números (uno después de otro) que colocará en forma de cruz. El arcano número cinco se obtendrá de la suma de los otros cuatro, teniendo en cuenta que si su valor fuese superior a veintiocho, se le restaría veintiocho tantas veces como fuese necesario. Por ejemplo, si el total de la suma diese cuarenta y seis, al restarle veintiocho, nos daría dieciocho y esta sería la carta que deberíamos elegir y que, en esta ocasión, se correspondería con la de la Bruja del Arco Iris. En el caso de que este arcano coincidiese con uno anterior, en su lugar colocaríamos una carta cualquiera, boca abajo, y la interpretaríamos como si fuese la misma que ya salió.

La **carta número uno** representa al **consultante**; la **número dos** refleja las **circunstancias** que rodean a la presente situación (o a la persona por la que se está preguntando); la **número tres** se refiere al **pasado**, al motivo por el cual el sujeto se encuentra en este estado; la número **cuatro** refleja el **futuro**, el rumbo que tomará dicha situación. Y, finalmente, la carta número **cinco** es la suma de todos los arcanos, es decir, la **síntesis** de la tirada.

Ahora, supongamos que una persona, en este caso una mujer, se siente atraída por un compañero de trabajo y nos pregunta por él. Tras seguir el procedimiento habitual y, una vez colocadas las cartas, he aquí el resultado:

Vemos que la **carta número uno** está representada por la **Bruja de la Montaña**. Por ello, en estos momentos, es muy probable que la consultante se sienta muy consciente de su situación y que tanto su grado de prudencia como de madurez la impulsen a mostrarse algo cautelosa en cuanto a sus propios sentimientos.

Curiosamente, en la **carta número dos** aparece la **Bruja del Amor**, por lo que es muy posible que su compañero de trabajo también se sienta algo atraído por ella. Sin embargo, a pesar de la ilusión y de sus sentimientos, seguramente, el joven se sienta asaltado por las dudas y por el miedo, y no se decida a dar el primer paso. De todas formas, esta tirada refleja claramente que, en el fondo, tanto él como la consultante están deseando iniciar una nueva relación.

La figura de la **carta número tres** es la **Bruja Triste**, por lo que es muy probable que, en el pasado, la consultante haya podido perder todas sus ilusiones y sus ganas de vivir. Es como si ese período, caracterizado por el pesimismo y el abatimiento, no hubiese sido uno de los más felices de su vida. Es como si la consultante se sintiese dominada por la apatía y la falta de motivación.

En la **carta número cuatro** aparece la **Bruja del Fuego** y esto hará que el futuro de la consultante se presente algo mejor que el pasado, puesto que, como muy bien dice el refrán: «no hay mal que cien años dure....» Probablemente, ésta va a iniciar una nueva etapa en su vida, una etapa mucho más activa y dinámica que la anterior. Esta bruja contribuirá a un aumento de la energía, de la vitalidad y del entusiasmo de la consultante y, en gran medida, también la ayudará a recuperar sus ilusiones.

Ahora, si sumamos el valor numérico de estas cartas, es decir, 9 + 6 + 13 + + 14, obtendremos 42, al que tendremos que restar 28. Así pues, el resultado final será 14 y, por tanto, tal como dije antes, también deberemos interpretar la **carta número cinco** como la del arcano 14, es decir, como la de la **Bruja del Fuego**. Esta carta, como síntesis de la tirada, en cierto modo puede significar que la consultante, tras un duro período, finalmente podrá vivir unos momentos mucho más felices. En su vida volverán a aparecer nuevas ilusiones y, seguramente, se sentirá embargada por una agradable sensación de dicha y de plenitud. Sin embargo, no debemos olvidar que, a veces, la Bruja del Fuego es algo irreflexiva e impetuosa. Por ello, no sería de extrañar que la atracción existente entre esta persona y su compañero de trabajo pueda ser pasajera y terminarse tan rápidamente como se ha iniciado.

La tirada de la cruz céltica

La cruz céltica es otra variante de la tirada de la cruz y su interpretación es algo más compleja. Utilizaremos diez cartas en lugar de cinco y las dispondremos de acuerdo con el esquema de la página siguiente.

La carta **número uno** representa las fuerzas o influencias positivas que protegen al consultante, es decir, que actúan a su favor; la **número dos** representa los obstáculos o influencias negativas que el consultante debe superar, es decir, todas aquellas fuerzas que actúan en su contra; la **número tres** refleja los ideales y las metas del consultante, es decir, sus aspiraciones; la **número cuatro** representa el pasado, aquello que ya ocurrió con respecto al asunto en cuestión. La carta **número cinco** determina el origen de la cuestión, así como sus posibles causas y efectos y, por consiguiente, también sus consecuencias.

La **número seis** representa el futuro, todo aquello cuanto el destino depara al consultante; la **número siete** nos describe la predisposición del consultante con respecto a la pregunta, pero, sobre todo, nos define su actitud; la **número ocho** refleja sus circunstancias familiares, su entorno más cercano, sus amistades, etc.

La carta **número nueve** nos describe las emociones del consultante, tanto las positivas como las negativas y finalmente, la **carta número diez**, la última, es la que determina el resultado final, y puede considerarse perfectamente como una síntesis de toda la tirada.

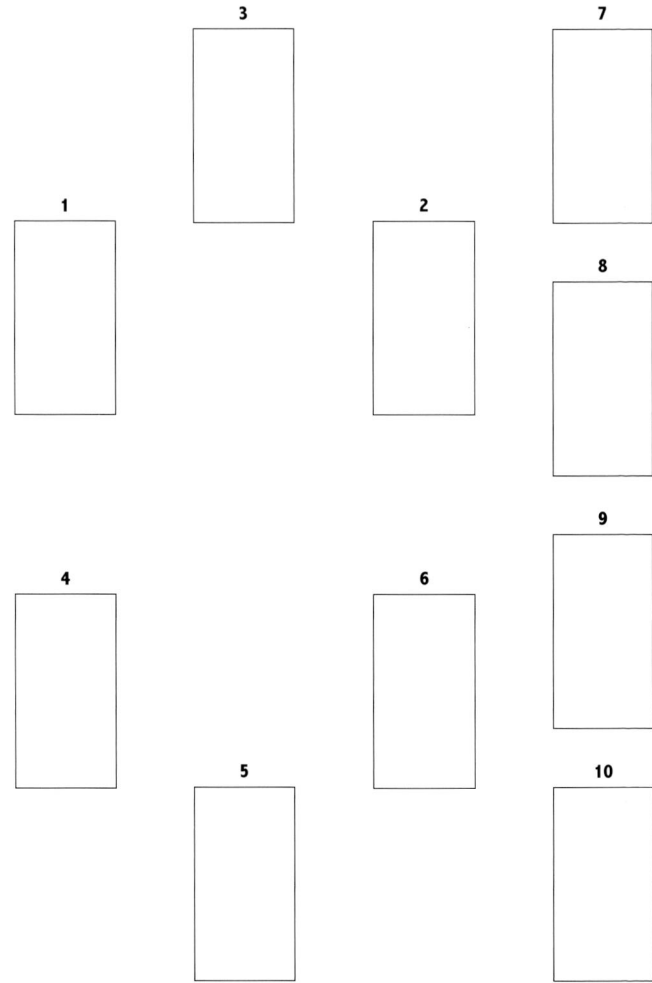

Ahora explicaremos el ejemplo de una persona que quiere cambiar drásticamente de vida y que desea saber cómo le va a ir. Tras seguir el procedimiento habitual y, una vez colocadas las cartas de acuerdo con el esquema, he aquí el resultado:

En la **carta número uno**, que es la de las influencias positivas, aparece la **Bruja de la Esperanza**. En este caso, podríamos considerar a este arcano como doblemente positivo, puesto que además de tratarse de una excelente carta, debemos tener en cuenta que, al estar aquí situada, siempre actuará a favor del consultante. Dado que el sujeto quiere cambiar su forma de vivir, podemos deducir que se trata de un buen momento para hacerlo, ya que la Bruja de la Esperanza le aportará el optimismo necesario para perseguir sus metas e ilusiones y le animará a realizar el cambio que tanto desea.

La **carta número dos**, que es la de las influencias negativas, está representada por la **Bruja de los Sueños**. El hecho de que esta carta aparezca aquí, probablemente signifique que todos los temores que pueda llegar a experimentar el sujeto con respecto a su inminente cambio de vida estén motivados en gran medida por sus sueños o pesadillas. El aspecto positivo de este arcano suele favorecer la calma y la relajación, pero, en este caso, y puesto que está actuando en contra del sujeto, no sería de extrañar que fuesen sus propios sueños los que le provocasen toda una serie de miedos infundados.

En la **carta número tres**, que es la que refleja los ideales y las metas del sujeto, aparece un comodín, el **comodín de la Fertilidad**.

Si combinamos el significado de este arcano con el del comodín, podemos deducir que el consultante está atravesando una etapa de su vida realmente fructífera y que tiene muchas posibilidades de poder llegar a cumplir, si no todas, al menos sí la gran mayoría de sus aspiraciones.

En la **carta número cuatro**, que es la que representa el pasado, podemos encontrar a la **Bruja de las Nieves**. El hecho de que este arcano se encuentre

aquí quizás signifique que, anteriormente, el consultante ya haya podido pasar por alguna situación similar. Es probable que, por aquel entonces, todavía no se hubiese visto capaz de dar un giro a su vida y que todas sus expectativas con respecto a ello se hubiesen quedado congeladas o reducidas a un simple sueño.

La **carta número cinco**, que es la que determina el origen del asunto en cuestión y también sus posibles consecuencias, está representada por la **Bruja del Lago**. Esta carta hace que el origen de este asunto, es decir, del deseo de cambiar de vida por parte del consultante, esté motivado en gran medida por una nueva toma de conciencia con respecto a su existencia. Lo más probable es que este arcano actúe a su favor, ya que le ayudará a enfrentarse a los cambios y a adaptarse a las circunstancias que casi siempre suele conllevar el hecho de iniciar una nueva vida.

En la **carta número seis**, que es la que se refiere al futuro, aparece la **Bruja del Fuego**. En esta ocasión, la carta hará que el consultante llegue a sentir un verdadero entusiasmo por aquello que pueda depararle el destino. Seguramente, en un futuro, el sujeto iniciará una nueva etapa de su vida y se sentirá realmente ilusionado a este respecto. Sin embargo, deberá evitar un exceso de entusiasmo y también tendrá que dejar de ser tan impetuoso para, que así, la situación no se le escape de las manos y todo pueda salir según sus deseos.

La **carta número siete**, que es la que define la actitud del consultante con respecto a la pregunta, está representada por la **Bruja del Arco Iris**. Este arcano hace que la actitud del sujeto con respecto al asunto que le concierne sea extremadamente positiva y esté cargada de buenas intenciones. Es como si, para él, hubiese llegado el momento de «trascender», es decir, de dejar atrás las nimiedades de la vida y de olvidarse de las cosas puramente materiales para, así, poder tomar una mayor conciencia de lo que es realmente importante. Seguramente, el consultante haya podido sentirse algo agobiado por una situación que le oprimía pero, ahora, afortunadamente, parece ser que por fin le ha llegado el momento de liberarse de su carga y de emprender una nueva vida.

La **carta número ocho**, que es la que nos describe el entorno más cercano del sujeto, está representada por la **Bruja Triste**. Esto hace que el consultante pueda sentirse algo agobiado por su familia y/o por sus amistades y que, probablemente, en cierto modo, esto haya sido lo que le ha impulsado a emprender ese repentino cambio de rumbo. Aunque, en la actualidad, el estado de ánimo del sujeto no esté pasando por uno de sus mejores momentos con respecto a aquellos que le rodean, es posible que este acontecimiento le sirva como experiencia y le permita tomar conciencia de muchas cosas y, por tanto, poder evolucionar como ser humano.

En la **carta número nueve**, que es la que refleja las emociones del sujeto, podemos ver a la **Bruja Lunar**. Aquí situada, esta bruja hará que el consultante se muestre muy receptivo con respecto a sus emociones y tenga la sensibilidad a flor de piel. Posiblemente, hayan sido sus propias emociones y ese increíble afán de recogimiento los que le hayan impulsado a plantearse ese repentino cambio de vida. No debemos olvidar que la Bruja Lunar representa las fases lunares, es decir, aquello que podríamos considerar como el principio y el final de un ciclo. Por ello, es muy probable que el sujeto sienta la imperiosa necesidad de dar por terminado un ciclo de su vida para, así, poder dar comienzo a otro.

La **carta número diez**, que es la que determina el resultado final de la tirada, está representada por la **Bruja de las Mareas**. Sabemos que esta bruja nos ayuda a reflexionar sobre los altibajos que suelen tener lugar a lo largo de la vida y que, dada su abundancia de agua, también nos refleja las emociones del sujeto con respecto a la pregunta planteada. El hecho de que el significado de esta carta sea bastante similar al de la carta anterior, es decir, al de la carta número nueve, probablemente haga que la síntesis de la tirada pueda resumirse de la siguiente manera: es muy posible que la toma de conciencia del consultante en cuanto a sus deseos de cambiar de vida esté motivada principalmente por sus propias emociones.

La tirada del pasado, del presente y del futuro

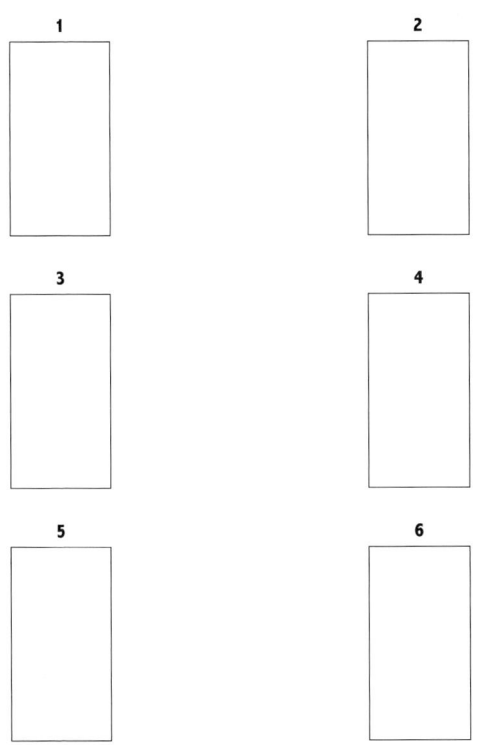

Esta tirada, tal como indica su nombre, nos refleja el pasado, el presente y el futuro del consultante y se utiliza cuando éste desea obtener una visión global de la situación.

En el caso de esta tirada, aunque la persona también pueda plantearnos una pregunta en concreto, ello no será realmente necesario, puesto que el tirador podrá limitarse a poner de manifiesto alguno de los acontecimientos más significativos de la vida del sujeto.

Ahora, supongamos que una persona quiere saber algo más sobre sí misma, pero no nos hace ningún tipo de pregunta. Tras mezclar y cortar las cartas como siempre, el consultante deberá elegir seis números, uno después de otro, que el adivino colocará en tres filas de dos cartas cada fila.

La **primera fila** hará referencia al **pasado** del consultante; la **carta de la izquierda** nos hablará de las **influencias positivas**, mientras que la de la **derecha** lo hará de las **negativas**. La **segunda fila** se referirá al **presente** del consultante; la carta situada a la izquierda reflejará las influencias positivas y la de la derecha, las negativas. La **tercera y última fila** hará referencia al **futuro**; la carta de la izquierda también nos hablará de las influencias positivas, mientras que la de la derecha lo hará de las negativas.

En la **primera fila**, la carta situada a la **izquierda** está representada por la **Bruja de las Flores**, mientras que la de la **derecha** lo está por la de la **Bruja Moderna.** Esto podría significar que, en el pasado, la persona (en este caso una mujer) ha atravesado una etapa caracterizada por el optimismo y las ganas de vivir. Seguramente, durante ese período, la consultante habrá tenido muchas ganas de divertirse y de disfrutar de todo cuanto la rodeaba. Sin embargo, como aspectos negativos, podríamos deducir que, probablemente, en algunos aspectos de su vida haya podido mostrar una actitud algo extravagante y fuera de lugar, principalmente motivada por una acusada tendencia a querer evitar las ataduras y los compromisos.

La carta situada a la **izquierda** de la **segunda fila** está representada por la **Madre Bruja**, mientras que la de la **derecha** lo está por la **Bruja Rebelde**. En este caso, podríamos decir que los aspectos más positivos que acompañan al consultante en su situación actual son un aumento de la fertilidad, en sentido metafórico, y ello tanto a nivel creativo como emocional. Al ser ésta una carta básicamente femenina, es muy posible que goce del apoyo y de la protección de alguna persona del sexo femenino. Seguramente, además, también es probable que todo aquello por lo que luchó en un pasado, ahora, finalmente, empiece a dar sus frutos. Pero, quizás, como aspectos negativos, podríamos destacar una acusada tendencia a la rebeldía y al inconformismo. Tampoco debemos olvidar que, en el fondo, tanto el significado de la Bruja Rebelde como el de la Bruja Moderna, que es la que aparecía en la primera fila, es bastante similar. Por ello, podemos deducir que los aspectos que más perjudicaron a la consultante en un pasado probablemente todavía sigan haciéndolo en el presente.

Y, finalmente, en la **tercera o última fila**, la carta que aparece a la **izquierda** es la de la **Bruja de la Suerte** y la que aparece a la **derecha** es la de un comodín: el **comodín de la Varita Mágica**. Este hecho podría significar que, en un futuro, la consultante parecerá estar «bendecida» por la suerte y que, haga lo que haga, siempre la acompañará. A pesar de todos los problemas que tenga, o haya podido tener, no hay duda de que el destino tenderá a mostrarse muy favorable con ella y la ayudará a conseguir todos sus propósitos. Aquí, y gracias al comodín de la Varita Mágica, incluso los aspectos más negativos parecen transformarse en positivos, tiñéndose de cierta magia y optimismo.

La tirada astrológica

Se trata de una tirada en la que se utilizan las doce casas astrológicas y a través de la cual se facilita una visión global de conjunto, aunque también se puede aplicar enfocándola hacia un determinado objetivo. Para realizarla no es absolutamente necesario dominar la astrología, simplemente bastará con conocer el significado de cada una de las doce casas del cielo, teniendo en cuenta que la casa I corresponde a Aries, la II a Tauro, la III a Géminis, la IV a Cáncer, la V a Leo, la VI a Virgo, la VII a Libra, la VIII a Escorpio, la IX a Sagitario, la X a Capricornio, la XI a Acuario y la XII a Piscis.

He aquí un breve significado de estas doce casas:

I. **El consultante** su apariencia física, su ego, su carácter y temperamento (también denominada Ascendente).

II. **El dinero**, o bienes materiales, del consultante.

III. **Los hermanos**; los viajes cortos; los estudios (en particular aquellos de corta duración: seminarios, congresos, etc.), así como la capacidad para escribir del consultante.

IV. **El hogar;** la influencia de los padres (en particular de la madre) sobre el consultante; sus orígenes familiares (también denominada Fondo del Cielo).

V. Las relaciones amorosas del sujeto; su creatividad; los juegos y placeres; los hijos.

VI. La salud; el trabajo (más bien a nivel subordinado); las relaciones del consultante con sus parientes; los animales de compañía.

VII. El matrimonio; las uniones o asociaciones; el cónyuge o los socios del sujeto; los contratos, juicios o litigios; la postura que adopta el consultante ante los demás o frente a la sociedad (también denominada Descendente).

VIII. La muerte; las herencias o testamentos; la forma de enfocar la muerte, el sexo o el ocultismo por parte del consultante.

IX. La evolución espiritual del consultante; su filosofía de vida; los viajes largos, el extranjero.

X. La profesión o trabajo del sujeto; el padre; el éxito del consultante frente a la sociedad; los honores y la gloria (también denominada Medio-Cielo).

XI. Los amigos; los planes; los proyectos y esperanzas del consultante.

XII. Las pruebas, obstáculos y sacrificios a los que deberá enfrentarse el sujeto; las largas enfermedades y los procesos de hospitalización o de aislamiento; los enemigos del consultante.

Tras mezclar y cortar las cartas, al igual que hicimos en las tiradas anteriores, el consultante las pondrá boca abajo, encima de la mesa, y escogerá doce cartas, una después de otra, que colocará de acuerdo con el siguiente esquema:

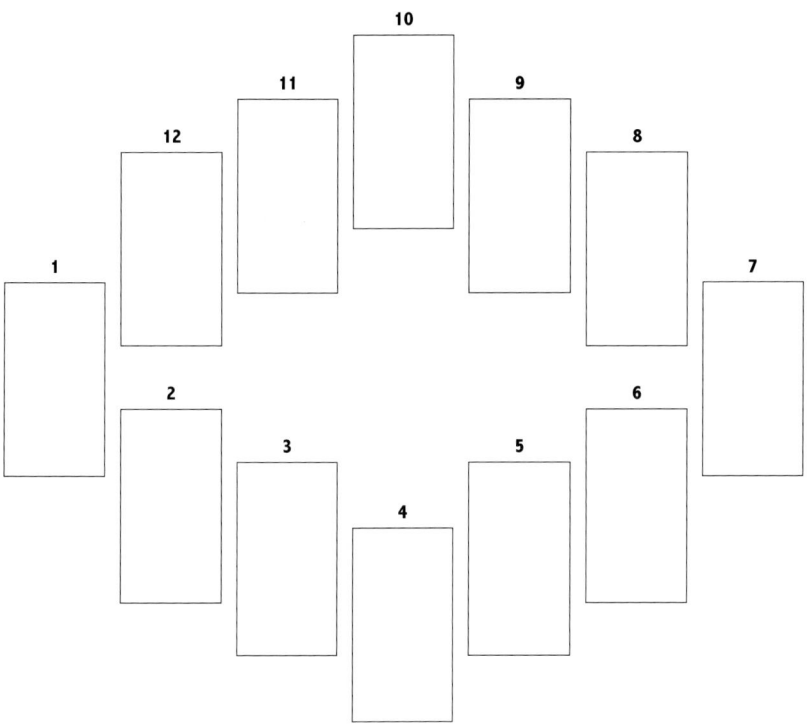

Ahora, aunque sin extendernos demasiado, vamos a interpretar una tirada astrológica de acuerdo con las cartas escogidas por el consultante para cada una de sus doce casas.

Supongamos que la carta que aparece en la **casa I** (o Ascendente) es la de la **Bruja de la Suerte**. Sin duda alguna, este hecho hará que la predisposición del consultante frente a la vida resulte francamente positiva. Probablemente, en estos momentos, se sentirá realmente feliz y optimista.

La **casa II** está representada por un comodín; el comodín de **La Fertilidad**. Dado que esta casa es la que rige todos los bienes materiales del sujeto, podríamos aventurarnos a decir que, en cierto modo, la economía del consultante parece que empieza a dar sus frutos.

La presencia de la **Madre Bruja** en la **casa III** quizás signifique que el consultante pueda sentirse muy apoyado intelectualmente por alguna persona del sexo femenino (probablemente por una hermana) y que tanto su capacidad de inventiva como de creatividad estén pasando por uno de sus mejores momentos.

El arcano que corresponde a la **casa IV** (o Fondo del Cielo) es el de la **Bruja Triste**, por lo que, y aun a pesar de que tanto el propio consultante, como su economía, o las relaciones con sus hermanos y/o con sus estudios o escritos le resulten particularmente favorables, es muy posible que pueda llegar a experimentar ciertas inquietudes relacionadas con la familia (en particular con su madre) o con el hogar.

En la **casa V**, que es la que se corresponde con las relaciones amorosas del sujeto, podemos ver a la **Bruja del Amor**. Sin duda alguna, esta carta propiciará el inicio de un nuevo amor y favorecerá tanto la creatividad del consultante como sus diversiones o las relaciones con sus hijos.

La presencia de la **Aprendiz de Bruja** en la **casa VI**, que es la que rige el trabajo del consultante, probablemente nos indique que está pasando por una época de aprendizaje y que quizás le haya llegado el momento de realizar una elección. No olvidemos que, en cierta medida, esta casa también determina la salud del sujeto, por lo que es muy posible que deba adoptar algunas decisiones relacionadas con ella.

La **casa VII** (o Descendente) está ocupada por la **Bruja Sabia**. Teniendo en cuenta que este sector es el que rige los contratos o asociaciones, es muy posible que, en la actualidad, el consultante adopte una actitud mucho más madura a este respecto, es decir, que gracias a las experiencias acumuladas durante el transcurso de los años, ahora tienda a mostrarse algo más cauto a la hora de firmar algún contrato o de iniciar cualquier tipo de asociación. Esta casa también es la del matrimonio o de las uniones del sujeto. Por ello, no sería de extrañar el hecho de que si, finalmente, el consultante decidiese casarse, no lo hiciese de una forma inconsciente, sino que tendería a mostrarse muy prudente y a madurar su decisión antes de atreverse a dar este paso.

La **Bruja de los Sueños** es el naipe que aparece en la **casa VIII**. Al ser esta casa la que representa la forma de encauzar la muerte por parte del sujeto, es muy posible que éste tenga algunos sueños premonitorios o que se muestre algo más sensibilizado a este respecto. Puesto que también es la casa que rige su forma de enfocar el sexo, probablemente, a este nivel, el consultante esté atravesando por un período algo enigmático y cargado de erotismo y de misterio.

La presencia de la **Bruja del Fuego** en la **casa IX**, que nos habla de la evolución espiritual del consultante, así como de su filosofía de vida, nos indica que éste parece haber dado por finalizadas muchas de sus antiguas creencias o ideas para dar paso a otra etapa, caracterizada por el optimismo y, por qué no, también por una nueva evolución espiritual. Esta casa también rige los largos viajes al extranjero, por lo que no sería de extrañar que el consultante emprendiese un viaje de forma repentina.

La **casa X** (o Medio-Cielo) está ocupada por la **Bruja de la Esperanza**. Sabemos que este sector es el que rige la profesión del sujeto, por lo que no sería de extrañar que tuviese verdaderos deseos de seguir luchando por sus expectativas y se sintiese muy animado con respecto a su trabajo. No cabe duda de que el consultante está atravesando una etapa profesional caracterizada por el optimismo y la esperanza. Probablemente, se trate de un buen momento para favorecer un ascenso o para aumentar su reputación y/o credibilidad.

La **casa XI**, la casa de los amigos, así como de los planes y proyectos del sujeto, está representada por un comodín, el comodín de la **Escoba**. Este naipe nos indica que al consultante le ha llegado el momento de dar por finalizadas aquellas amistades que, de uno o de otro modo, pudieran resultarle perjudiciales. También es muy probable que, a partir de ahora, conciba toda una serie de planes y de proyectos muy distintos a los que había imaginado hasta este momento.

Y, finalmente, en la **casa XII** aparece la **Bruja Lunar**. Puesto que esta casa es la que refleja las pruebas y sacrificios a los que se verá sometido el sujeto durante el transcurso de su vida, es muy posible que el consultante se sienta muchísimo más receptivo ante la desgracia o el dolor, tanto propio como ajeno. Probablemente, también se muestre más dispuesto a ayudar a los demás y a sacrificarse por ellos. Esta casa también es la que representa a los enemigos del consultante, por lo que, y al estar ocupada por la Bruja Lunar, no sería de extrañar que la mayoría de ellos no fuesen más que el producto de su propia imaginación.

La tirada del pulpo (o de las ocho cartas)

Es como si utilizásemos (hipotéticamente hablando) los ocho tentáculos de un pulpo.

El primer tentáculo de la izquierda, la carta número uno, nos habla de las influencias positivas del pasado; el primer tentáculo de la derecha, la carta número cuatro, es el que representa las influencias negativas del pasado; el segundo tentáculo de la izquierda, la carta número dos, es el que refleja las influencias positivas del presente; el segundo tentáculo de la derecha, la carta número cinco, es el que determina las influencias negativas del presente; el tercer tentáculo de la izquierda, la carta número tres, es el que representa las influencias positivas del futuro; el tercer tentáculo de la derecha, la carta número seis, es el que determina las influencias negativas del futuro. En esta tirada situaremos las cartas de acuerdo con el esquema de la página siguiente.

Los dos tentáculos centrales, es decir, las cartas número siete y ocho, nos ofrecen respectivamente una síntesis y un consejo. En este caso, también podemos hacer una tirada generalizada o bien limitarnos a responder a una pregunta concreta del consultante.

El consultante deberá escoger seis números, tres para los tentáculos de la izquierda y tres para los de la derecha, que el tirador irá colocando en forma de pulpo. El número del tentáculo siete se obtendrá mediante la suma de las cartas uno, dos y tres, mientras que el del número ocho corresponderá a la suma de las cartas cuatro, cinco y seis. Aquí, y al igual de lo que ocurrió en un ejemplo anterior, también deberemos tener en cuenta que si el número de una de estas dos cartas centrales coincidiese con alguna de las elegidas con anterioridad, en su lugar, simplemente deberíamos colocar cualquier otra carta, boca abajo, y volver a interpretarla de nuevo.

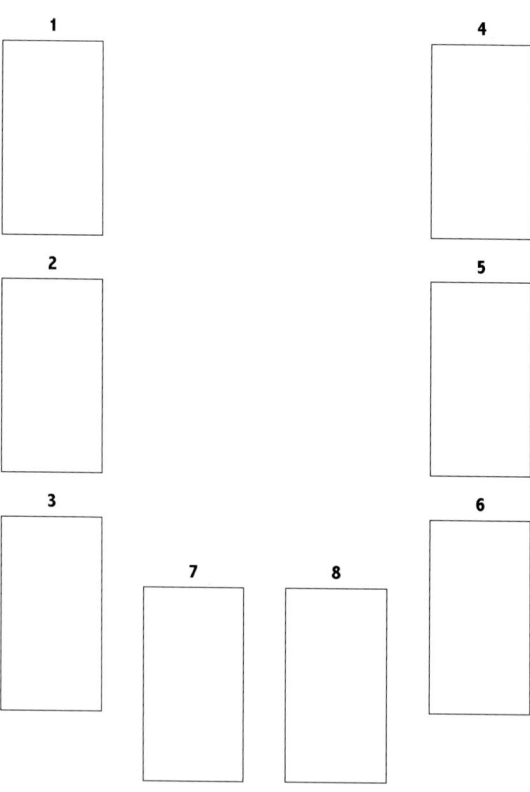

Ahora, supongamos que dos buenas amigas han dejado de hablarse desde hace tiempo y una de ellas quiere saber algo más acerca de la situación.

Después de haber barajado, cortado y mezclado las cartas de la forma habitual, el consultante (en este caso, una mujer) elegirá seis cartas que el tarotista colocará encima de la mesa, añadiéndoles las correspondientes al número siete y al ocho.

Tal y como podemos ver, la **carta número uno**, es decir, la que nos refleja las influencias positivas del pasado, está representada por la **Bruja Rebelde**, mientras que la número cuatro, o la de las influencias negativas del pasado, lo está por la Bruja del Laberinto. Podríamos decir que, seguramente, en el pasado, la relación amistosa llegó a un punto en el que la persona interesada pudo mostrarse algo disconforme con la situación y adoptar una postura excesivamente rebelde. Sin embargo, teniendo en cuenta que estamos hablando de las influencias positivas, es muy posible que, en su momento, la ruptura de esta amistad la hubiese ayudado a adquirir una mayor confianza en sí misma y a actuar con más firmeza. La **carta número cuatro**, la **Bruja del Laberinto**, es la que nos refleja los aspectos negativos de esta situación. Por ello, aunque la Bruja Rebelde pudo conseguir que, en cierta forma, esta persona se sublevase y actuase con algo más de arrojo y de decisión, lo más seguro es que, en el fondo, la consultante también pudiera llegar a sentirse algo confusa y desorientada frente a este hecho.

La **carta número dos**, que es la que nos habla de las influencias positivas del presente, está ocupada por la **Bruja de las Flores** y la **número cinco**, que es la que determina las influencias negativas, lo está por la **Bruja de las Nieves**. Probablemente, esta combinación hará que, en la actualidad, la consultante pueda sentirse un poco más optimista y animada que en el pasado y aun a pesar de que la situación pueda parecer algo estancada debido a la presencia de la Bruja de las Nieves, quizás, simplemente se trate de una etapa de transición y es muy posible que la consultante haya decidido mostrar una actitud bastante más fría ante las circunstancias y actuar con mucha menos sensiblería.

En la **carta número tres**, que es la que representa las influencias positivas del futuro, aparece la **Bruja de la Esperanza**, mientras que en la **número seis**, o la de las influencias negativas, podemos encontrar a la **Bruja de las Mareas**. Por una parte, la Bruja de la Esperanza hará que la consultante siga confiando en recuperar esta amistad, pero ello no la frenará a la hora de relacionarse con otras personas o de trazarse nuevas metas en la vida. Sin embargo, la Bruja de las Mareas podría causarle continuos cambios de humor y provocarle muchos altibajos. Es muy posible que con respecto a este hecho, en un futuro, la consultante vaya alternando sus etapas de optimismo con las de pesimismo.

En la **carta número siete**, es decir, la que nos informa del resultado (o síntesis) de la tirada, de nuevo volvemos a encontrarnos con la **Bruja de las Mareas**. Por este motivo, y con respecto a esta situación en concreto, el resultado de esta tirada muy bien podría ser el de un posible cambio de vida y/o el de un aumento de la sensibilidad de la consultante frente a los acontecimientos.

La última carta, **la número ocho**, es la que nos permite dar un pequeño consejo a la persona que nos ha formulado la pregunta. Es preferible que, a la hora de expresar nuestra opinión, no seamos demasiado tajantes ni nos comprometamos en exceso. En realidad, de lo que se trata aquí es de hacer que sea el propio consultante el que se dé cuenta de lo que verdaderamente le conviene y de lo que no. Esta carta es la de la **Bruja de la Suerte**, por lo que, como consejo, podríamos sugerir a la consultante que no pierda la esperanza, porque, ocurra lo que ocurra, lo más seguro es que el futuro tienda a mostrarse bastante favorable con ella.

La tirada del amor

Esta tirada está enfocada hacia los asuntos del corazón. En estos casos, lo que más suele preocupar al consultante es saber si esa persona que tanto le interesa, algún día se fijará en él, se le declarará, o volverá de nuevo. Esta tirada también resulta muy útil para todos aquellos que, en estos momentos, no tienen pareja, pero no pierden la esperanza y quieren saber lo que les deparará el futuro a este respecto.

Por regla general, aunque no siempre, este tipo de preguntas las suelen formular las mujeres, por lo que, en la mayoría de los casos, la carta del consultante será la de «ella», mientras que la de la persona por la que se pregunta será la de «él».

La tirada es muy sencilla y consta de cinco cartas: dos en cada fila, menos en la última, en la que tan sólo hay una.

La carta de la izquierda de la primera fila, la número uno, corresponde al consultante (sea hombre o mujer). La carta de la derecha de esa misma fila, la número dos, corresponde a la persona por la que se pregunta (sea hombre o mujer). La carta de la izquierda de la segunda fila, la número tres, se refiere a la situación actual del consultante, mientras que la de la derecha, la número cuatro, se refiere a la situación actual de la persona por la que se está preguntando. Y, finalmente, la única carta de la tercera fila, es decir, la número cinco, nos habla del futuro de esta relación.

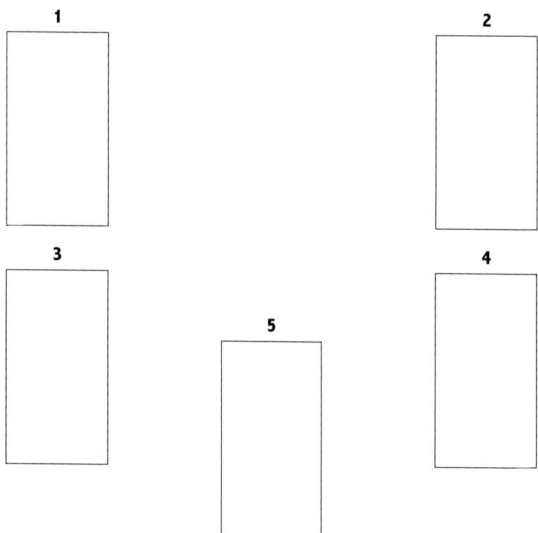

Ahora, supongamos que una mujer que está sin pareja desde hace tiempo nos pregunta si va a volver a enamorarse otra vez y, en caso afirmativo, quiere saber cómo será él. Ella elegirá cinco números, que el tirador irá colocando tal y como indicábamos antes.

Vemos que la carta de la izquierda de la primera fila, es decir, la **número uno**, está representada por la **Bruja del Laberinto**. Sin duda, esto podría significar que, en el fondo, la consultante (recordemos que se trataba de una mujer) no está totalmente convencida de querer volver a enamorarse. Posiblemente, todavía se sienta algo dolida debido a alguna experiencia anterior y sus dudas y vacilaciones la hagan titubear a la hora de decidirse a iniciar una nueva relación.

En la carta situada a la derecha de la primera fila, la **número dos**, aparece la **Bruja de las Flores**. Probablemente, ello nos induzca a pensar que, en estos

momentos, el hombre (o la mujer) por el que pregunta está lleno de optimismo y de ganas de vivir, aunque quizás también pueda experimentar cierta propensión a los excesos.

La carta de la izquierda de la segunda fila, la **número tres**, corresponde a **la Bruja Triste**. Así pues, podemos confirmar que la situación actual de la consultante es bastante similar a la de su propio estado de ánimo. No cabe duda de que si, por una parte, ella se sentía algo indecisa ante la idea de volver a iniciar una nueva relación amorosa, por otra, su situación actual tampoco parece ser la más idónea para hacerlo. La carta de la derecha de la segunda fila, es decir, la **número cuatro**, está representada por la **Bruja del Arco Iris**. Situada aquí, esta carta hace que la situación actual de la persona por la que se está preguntando sea bastante más favorable que la de la consultante. Probablemente, este hombre esté pasando por uno de los períodos más alegres y felices de su vida y se muestre sumamente positivo con respecto al inicio de una nueva relación.

La última carta, es decir, la **número cinco**, está ocupada por la **Bruja Sabia**. Seguramente, esto podría significar que si la consultante se decidiese a abandonar todos sus miedos y temores, podría llegar a labrarse un nuevo futuro junto a esa persona; un futuro basado en la honradez, la integridad y la confianza.

La tirada de Año Nuevo

Este juego nos proporciona una visión de conjunto del año que se avecina. Normalmente, el consultante acostumbra a solicitar esta tirada al finalizar el año con el fin de preguntar por el próximo. La tirada consta de cinco cartas, colocadas una debajo de la otra.

Cada carta se corresponde con una estación del año, exceptuando la quinta, que es la que representa la síntesis de la tirada.

Como esta tirada suele realizarse para Año Nuevo, la primera fila corresponde al invierno; la segunda, a la primavera; la tercera, al verano; la cuarta, al otoño, y la quinta a la síntesis. En el caso de que a una persona tan sólo le interese una estación en concreto, entonces, el lector se limitará a interpretar dicha estación, aunque de una manera mucho más exhaustiva.

Ahora, supongamos que alguien nos pregunta cómo le va a ir durante este próximo año. Tras mezclar, cortar y barajar las cartas de la misma forma que siempre, el consultante elegirá cinco números, uno para cada carta, que el lector colocará una debajo de la otra, aunque la quinta carta, la de la síntesis, la situará un poco más hacia la derecha.

Vemos que la tirada correspondiente al **invierno** está representada por la **Bruja Guerrera**. Sin lugar a dudas, podemos augurar que esta estación del año tenderá a mostrarse algo conflictiva. Posiblemente, el consultante se comporte de una forma más agresiva de lo normal y no dude en desafiar a cualquiera que se interponga en su camino. Sin embargo, no debemos olvidar que esta bruja posee

Invierno

Primavera

Síntesis

Verano

Otoño

1

2

3

4

5

una gran fuerza, por lo que no será de extrañar que, aun a pesar de que el sujeto tenga que enfrentarse a ciertas situaciones de tensión, afortunadamente, lo más probable es que, al finalizar esta estación del año, ya haya logrado superarlas.

La carta número dos, es decir, la que representa a la **primavera**, está ocupada por la **Bruja del Arco Iris**. En esta posición, dicho arcano está muy bien situado, ya que es un claro reflejo de la luz, de la alegría y del regocijo, típicos de la estación primaveral. Tras el duro período del invierno, caracterizado por los retos, los enfrentamientos y las luchas, probablemente, al consultante le haya llegado el momento de trascender y de aprender a gozar de todos y cada uno de los momentos de su vida.

La carta que representa al **verano** está ocupada por la **Bruja de las Flores**. Esta posición nos invita a pensar que, quizás, para el consultante, ésta vaya a ser la estación más divertida y animada de todo el año. Probablemente, el sujeto se sienta sumamente eufórico y lleno de vida. Lo más seguro es que, finalmente, esté totalmente decidido a tomar conciencia de las cosas buenas de la vida y a disfrutar de ellas.

La carta correspondiente al **otoño** está representada por la **Bruja del Laberinto**. Este hecho nos induce a creer que, tras una primavera y un verano realmente alegres y festivos, esta estación del año tenderá a presentarse algo más triste y oscura que las demás. Probablemente el sujeto se sienta un poco melancólico, perdido y confuso, y tenga más de una duda en el momento de tomar alguna decisión.

Y, finalmente, la carta número cinco, que es la que nos refleja la **síntesis** de la tirada, está representada por un comodín, el **comodín del Gato Negro**. Sin duda, la posición de este comodín situado aquí nos indica que, durante este próximo año, la vida del consultante se verá continuamente marcada por grandes altibajos y que tanto los aspectos positivos como negativos de su vida se irán alternando sucesivamente.

Tercera Parte

Correspondencias

Si bien podemos considerar al Tarot de las Brujas como un tarot completamente autónomo, pensamos que el hecho de informar sobre sus posibles correspondencias con el Tarot de Marsella, la astrología, y las runas puede llegar a facilitar en gran medida la labor del lector a la hora de llevar a cabo su interpretación.

Principales correspondencias entre el Tarot de las Brujas y el Tarot de Marsella

A continuación vamos a asociar cada uno de los arcanos del Tarot de las Brujas, empezando por el primero, con los del Tarot de Marsella. En algunos casos, habrá cartas del Tarot de las Brujas que no se correspondan con ninguna de las del Tarot de Marsella, mientras que en otros, una sola carta del Tarot de las Brujas podrá corresponderse a más de una del Tarot de Marsella.

La Aprendiz de Bruja: sin duda alguna, esta carta podría asociarse con la del Mago del Tarot de Marsella. Las dos cartas coinciden en número, ya que a ambas les corresponde el número uno, mientras que su representación gráfica tampoco es tan diferente. En ambos casos, se trata de una carta de estudio y aprendizaje.

La Bruja Sabia: a esta carta se la podría relacionar con la de la Papisa del Tarot de Marsella. A ambas cartas les corresponde el número dos y, excepto algunas variaciones, su representación gráfica también es bastante similar. En ambos casos, se trata de una carta de sabiduría y comprensión.

La Madre Bruja: podríamos decir que esta carta se halla estrechamente vinculada a la de la Emperatriz del Tarot de Marsella. A ambas cartas también les corresponde el mismo número, es decir, el número tres. Aunque en este caso la representación gráfica sea muy diferente, en el fondo, su significado quizás sea mucho más afín de lo que podamos llegar a imaginarnos. En los dos casos, de trata de una carta de creatividad y de fertilidad a todos los niveles.

La Bruja de la Paz: a este arcano le corresponde la carta del Papa. Aunque también coinciden en número, el número cinco, en esta ocasión, su representación gráfica es totalmente distinta. En los dos casos se trata de una carta que fomenta la equidad e induce a la paz. No obstante, en cierto modo, a esta carta también se la podría relacionar con la Justicia del Tarot de Marsella, es decir, con la del arcano número ocho. En este caso, como puntos en común, podríamos destacar la idea de justicia, de equilibrio y de armonía que ambas figuras nos reflejan.

La Bruja del Amor: obviamente, en este caso, la carta del Tarot de Marsella equivalente a la de la Bruja del Amor es la de los Enamorados. Aquí, aunque ambas vuelven a coincidir con el número, es decir, con el número seis, su representación gráfica es muy diferente. Pero, lo que sí es cierto es que ambas cartas tienen mucho que ver con el amor, la vida sentimental y también con la indecisión.

La Bruja de la Suerte: esta carta se corresponde con la de La Rueda de la Fortuna del Tarot de Marsella. El número de los arcanos no coincide, ya que en este tarot se trata del número diez, mientras que en el nuestro es el número siete. La figura de estas dos cartas es totalmente distinta, pero, en el fondo, ambas están muy relacionadas con el éxito, la suerte y la fortuna.

La Bruja de la Montaña: esta carta se corresponde con la del Ermitaño del Tarot de Marsella. En esta ocasión, los dos arcanos vuelven a coincidir en número, es decir, con el número nueve. Aunque la representación gráfica de ambas cartas sea bastante diferente, tampoco podemos negar que existan ciertas similitudes entre ambas figuras. No podemos olvidarnos del bastón que sostienen tanto el ermitaño como la Bruja de la Montaña y también debemos tener en cuenta que la linterna con la que se ilumina el ermitaño equivaldría a la estrella que adorna la frente de la Bruja de la Montaña y que también parece iluminarla. En ambos casos se trata de una carta de introspección y madurez, así como de reflexión y de prudencia.

La Bruja del Lago: la carta que más se asemeja a ésta de todas cuanto aparecen en el Tarot de Marsella, sin duda alguna es la de la Estrella. En este caso no coinciden en número, ya que la Estrella es la número diecisiete, mientras que la Bruja del Lago es la número diez. Salvando algunas diferencias, la representación gráfica es bastante similar, aunque, en nuestro caso, la figura femenina aparece sumergida en el agua hasta la cintura. Pero, de lo que no cabe duda es que ambas cartas nos hablan de protección, de purificación, de espiritualidad y de inspiración.

La Bruja Rebelde: en realidad, esta carta (arcano número once) no se parece a ninguna en concreto. Sin embargo, podemos encontrarle ciertas similitudes con la carta de la Muerte (arcano número trece) y la de la Torre (arcano número dieciséis) del Tarot de Marsella. Por una parte, la Muerte nos habla de transformación y de regeneración y, por otra, en cierto modo, a la Torre se la podría relacionar con la liberación y el cambio de ideas. En el fondo, la Bruja Rebelde es una carta de renovación y de cambio.

La Bruja Triste: probablemente, el simbolismo de la carta del Tarot de Marsella que más pueda recordarnos al de la Bruja Triste sea el de la carta del Ahorcado. Se trata del arcano número doce, mientras que en nuestro tarot es el número trece. Aunque estas figuras sean muy distintas entre sí, las dos nos transmiten una sensación de inmovilidad y de apatía. Ambas cartas están relacionadas con el desasosiego, la renuncia y el sacrificio.

La Bruja del Fuego: quizás, la única carta del Tarot de Marsella con la que podríamos comparar a la Bruja del Fuego sea la del Juicio. Sin embargo, no sólo difieren en número, ya que nuestra carta es la número catorce, mientras que la del Juicio es la número veinte, sino que, además, su representación gráfica es totalmente distinta. No obstante, en el fondo, ambas cartas aluden a los nuevos comienzos y nos hablan de entusiasmo, de renacimiento y de renovación.

La Bruja de las Flores: posiblemente, la carta del Tarot de Marsella que más se asemeje a ésta sea la del Mundo. Su representación gráfica no es demasiado parecida, pero, indudablemente, uno de sus puntos clave es la aparición de una guirnalda en ambas cartas. En este caso, el número del arcano del Mundo es el veintiuno, mientras que el de nuestra bruja es el quince. Sin embargo, aun a pesar de sus múltiples diferencias, lo que no podemos negar es que ambas cartas nos transmiten una profunda sensación de satisfacción y de plenitud, que aumenta nuestra creatividad, así como nuestro sentido de la belleza.

La Bruja de las Nieves: en realidad, no existe ninguna carta del Tarot de Marsella que se ajuste totalmente a ésta. Sin embargo, podríamos decir que el arcano de la Muerte, el número trece, tiene ciertas similitudes con nuestra Bruja de las Nieves (arcano diecisiete). En el fondo, estas dos cartas nos hablan de una etapa de cambio y de transición y nos trasmiten una sensación de frialdad e inmovilidad.

La Bruja del Arco Iris: probablemente, entre todas las cartas del Tarot de Marsella, la que más podría asemejarse a ésta sea la del Sol. Estas dos cartas no sólo no coinciden en número, ya que nuestra bruja es la número dieciocho y el Sol es la número diecinueve, sino que, además, su representación gráfica tampoco tiene nada que ver (excepto la luminosidad y la alegría que trasmiten ambos arcanos). De hecho, en ambos casos se trata de una carta de liberación, de realización y de superación, así como de espiritualidad y trascendencia.

La Bruja de las Mareas: en realidad, la Bruja de las Mareas, es decir, la que se corresponde con el arcano número diecinueve de nuestro tarot, no se parece a ninguna de las cartas del Tarot de Marsella. Quizás, a la única carta que podría recordarnos un poco fuese a la de la Luna (arcano número dieciocho), debido a la importancia de esta carta con respecto a las mareas, así como a la vinculación de ambas con los altibajos y los cambios.

La Bruja de la Esperanza: la carta del Tarot de Marsella que más se aproxima a la de la Bruja de la Esperanza también es la de la Estrella. El arcano de la Estrella es el número diecisiete, y el de la Bruja de la Esperanza, el veintiuno. En este caso, su representación gráfica no se parece en absoluto (con la Bruja del Lago, sí existían similitudes). Pero, lo que no podemos negar es que ambas cartas están cargadas de ilusiones, de optimismo y de esperanza.

La Bruja Moderna: por mucho que lo hemos intentado, como no hemos podido encontrar ni una sola carta del Tarot de Marsella que se pareciese a ésta (ni siquiera un poco), en este caso, hemos considerado más oportuno omitir cualquier tipo de comparación.

La Bruja de los Sueños: realmente, tampoco hay ninguna carta que se parezca a nuestra Bruja de los Sueños. Sin embargo, en este caso, sí existen dos arcanos que conservan ciertas similitudes con ella; se trata del arcano del Diablo y el de la Luna. La representación gráfica de ambos arcanos no coincide en absoluto con la de nuestra bruja. Con respecto al arcano del Diablo, podemos decir que tanto esta carta como la de la bruja de los sueños ponen de manifiesto nuestros instintos y dejan aflorar nuestra naturaleza más profunda; también podemos argumentar que, en cierta forma, ambas cartas están relacionadas con el ocultismo. Y, finalmente, con respecto al arcano de la Luna, está claro que, ambas cartas nos hablan de oscuridad, de espejismos y de alucinaciones.

La Bruja Guerrera: en esta ocasión, nos hemos decidido a relacionar la Bruja Guerrera (arcano número veinticinco) con el Emperador (arcano número cuatro) y la Fuerza (arcano número once) del Tarot de Marsella. La representación gráfica de estos arcanos poco tiene que ver con la de la Bruja Guerrera, aunque en el caso de la Fuerza, sí existe una pequeña similitud entre las dos cartas, ya que ambas nos proporcionan una imagen de osadía y de dominio de la situación. Con respecto al Emperador, podemos decir que tanto esta carta como la de la Bruja Guerrera nos reflejan un gran poder y energía, así como grandes dotes de mando, aunque también cierta agresividad y obstinación.

La Bruja del Laberinto: la carta que más se aproxima a ésta de todas cuantas aparecen en el Tarot de Marsella es la del Loco. El número del arcano de la Bruja del Laberinto es el veintisiete, mientras que, en el caso del Loco, algunos autores le atribuyen el número 0 y otros el veintidós. La representación gráfica de estos arcanos es bastante distinta, aunque, quizás, ambas coincidan en que sus figuras parecen carecer de rumbo y nos ofrecen un aspecto algo confuso y desorientado.

La Bruja Lunar: y, finalmente, no cabe duda de que a la última carta de este tarot, es decir, la de la Bruja Lunar, no podríamos asociarla más que con la de la Luna del Tarot de Marsella. Nuestra Bruja Lunar se corresponde con el número veintiocho, mientras que la Luna se corresponde con el dieciocho. La representación gráfica de estos dos arcanos no se parece demasiado y la única similitud es la presencia de la luna en ambas cartas. Sin embargo, no podemos negar que, a su manera, ambos arcanos simbolizan la receptividad, la imaginación y la intuición, pero también las falsas ilusiones, los espejismos y el engaño.

Principales correspondencias entre el Tarot de las Brujas y la astrología

Tras haber comparado las cartas del Tarot de las Brujas con las del Tarot de Marsella, ahora pasaremos a relacionar los veintiún arcanos de este tarot con los elementos, planetas o signos de la astrología.

La Aprendiz de Bruja: a esta primera carta del Tarot de las Brujas podríamos relacionarla con el elemento aire ya que, en cierto modo, este elemento también representa la fuerza intelectual que guía al ser humano, incitándolo al estudio y al aprendizaje. Por otra parte, también se la podría asociar con el planeta Mercurio, puesto que éste es el que nos proporciona la habilidad necesaria para poder utilizar los conocimientos adquiridos.

La Bruja Sabia: en cierta forma, podríamos asociar a esta carta con el signo de Virgo. Este signo representa cualidades tales como la inteligencia organizadora, la lógica, el análisis y el espíritu crítico. Y, por su parte, la Bruja Sabia es una bruja con gran capacidad de raciocinio, de discernimiento y de reflexión.

La Madre Bruja: debido a su estrecha vinculación con los aspectos más femeninos de la personalidad, esta carta podría recordarnos muy bien al planeta Venus, aunque, por otra parte, y sin temor a equivocarnos, también podríamos asociarla con el signo de Cáncer, porque, además de tratarse de un signo sumamente femenino, al mismo tiempo está muy relacionado con la fertilidad y la maternidad.

La Bruja de la Paz: probablemente, el signo astrológico que más se parece a esta carta es el de Libra. Al igual que nuestra bruja, este signo es un gran amante de la paz y de la justicia. Además, se trata de uno de los signos menos agresivos y conciliadores de todo el zodíaco y siempre busca la armonía, la unión y el equilibrio.

La Bruja del Amor: en esta ocasión, a nuestra bruja podríamos asociarla con un planeta (Venus) y con dos signos (Géminis y Leo). No cabe duda de que su relación con Venus resulta bastante evidente, pues debemos tener en cuenta que Venus es el planeta del amor por excelencia y que, por tanto, representa al amor en todas sus formas. Con respecto a Leo, no debemos olvidar que este signo corresponde a la casa V del zodíaco y, puesto que ésta rige la vida amorosa, las relaciones sentimentales, etc. no podemos negar su estrecha relación con nuestra Bruja del Amor. Y, finalmente, Géminis es el signo que pone de manifiesto ese aspecto de titubeo e indecisión que parece caracterizar a nuestra bruja a la hora de realizar una elección.

La Bruja de la Suerte: no cabe duda de que a esta bruja debemos asociarla con Júpiter. Debido a su capacidad de protección, en astrología, a este planeta se le conoce como el «Gran Benéfico». Júpiter es un planeta directamente relacionado con la suerte, la fortuna y la prosperidad, mientras que, por su lado, la Bruja de la Suerte es una carta de buen augurio y que siempre tiende a proporcionar suerte al consultante.

La Bruja de la Montaña: podríamos relacionar a la Bruja de la Montaña con el signo de Capricornio. Éste es un signo caracterizado por su prudencia, así como por su sentido de la responsabilidad y del deber. Por su parte, lo que más caracteriza a nuestra bruja es su madurez, su perseverancia y su afán de superación.

La Bruja del Lago: probablemente, a lo que más nos recuerda esta bruja es al elemento agua. El agua es un elemento que propicia las sensaciones y emociones, otorga inspiración y favorece el recogimiento. Sabemos que, para la Bruja del Lago, las sensaciones y las emociones también son muy importantes y no podemos negar que esta carta nos transmite una imagen de paz, de recogimiento y de intimidad.

La Bruja Rebelde: en esta ocasión, podríamos relacionar a la Bruja Rebelde con Acuario. Acuario es un signo que siempre se ha caracterizado por su independencia, su rebeldía y sus ansias de libertad. Se trata de un signo extremadamente original y con una marcada tendencia a huir de cualquier tipo de convencionalismo. Por su parte, la Bruja Rebelde es una bruja sumamente independiente, excéntrica e inconformista; una bruja que luchará sin descanso por escapar de la rutina, así como por poder cambiar las cosas.

La Bruja Triste: sin duda alguna, esta bruja tiene ciertas similitudes con el signo de Piscis. Éste es un signo sumamente impresionable, un signo que se deja dominar fácilmente tanto por las influencias externas como por sus diferentes estados de ánimo. Piscis es un signo muy propenso al sufrimiento y a las preocupaciones. Y, en el caso de la Bruja Triste, podríamos decir que se trata de una bruja llena de dudas y temores, marcada por el sufrimiento y la inquietud emocional.

La Bruja del Fuego: probablemente, lo que más se aproxime a esta bruja dentro de la astrología sea el fuego. El fuego es un elemento caracterizado por su energía, su vitalidad y su entusiasmo. No cabe duda de que se trata de un elemento realmente ardiente y fogoso, y con una gran capacidad creadora. Por su parte, en una tirada, la Bruja del Fuego suele indicar un aumento de energía y de vitalidad en el consultante, inclinándolo a un exceso de actividad.

La Bruja de las Flores: aunque consideremos que esta bruja no está íntimamente relacionada con ningún elemento de la astrología, sin embargo, lo cierto es que sí parece compartir algunas características con el signo de Tauro. Tauro es un signo alegre, expansivo y optimista. Sin duda, es un gran amante de la comodidad y de la belleza y no duda en disfrutar de la vida porque sabe cómo utilizar sus cinco sentidos a la perfección. Por su parte, nuestra bruja también es una bruja dispuesta a gozar de las cosas buenas que le ofrece la vida y posee una gran capacidad de comunión con la naturaleza. Siempre que aparece en una tirada, la Bruja de las Flores suele indicar que, en el momento de realizar la consulta, la persona puede estar pasando por una etapa caracterizada por su necesidad de diversión, así como por su tendencia a disfrutar de la vida.

La Bruja de las Nieves: en este caso, podríamos asociar a esta bruja con Escorpio. Escorpio es un signo caracterizado por su capacidad de regeneración, así como por su estrecha relación con las fuerzas ocultas. Se trata de un signo con tendencias destructivas; un signo capaz de destruir todo cuanto le rodea para volver a surgir con más fuerza que nunca. En cuanto a nuestra bruja, podríamos considerarla como a la bruja con más capacidad de transformación y con más fuerza interior de todo este tarot.

La Bruja del Arco Iris: probablemente, esta bruja tenga ciertas similitudes con el Sol. El sol es una fuente de energía, de luz y de calor. Todos sabemos que, cuando llueve, y después sale el sol, siempre aparece el arco iris. Por su parte, nuestra bruja se siente guiada por un auténtico deseo de superación y de elevación y, al igual que el sol es el astro rey, ella también se siente la «reina de los cielos».

La Bruja de las Mareas: aunque, en esta ocasión, esta bruja no guarde ninguna relación verdaderamente significativa con la astrología, sí podemos afirmar que, en ciertos aspectos, nos recuerda bastante al elemento agua, en particular al signo de Cáncer. El agua es muy receptiva, cambiante e impresionable, mientras que el signo de Cáncer se caracteriza por su sensibilidad y emotividad. Con respecto a nuestra bruja, debemos decir que la gran cantidad de agua que aparece en el naipe puede llegar a transmitirnos todas las emociones y sensaciones que experimenta el sujeto en el momento de realizar la consulta. La

Bruja de las Mareas representa a la perfección los flujos y reflujos de las aguas del mar, lo que, sin duda alguna, la vincula con la Luna y, en consecuencia, también con el signo de Cáncer.

La Bruja de la Esperanza: no cabe duda de que, debido al entusiasmo y al optimismo que caracterizan a Sagitario, debemos asociar a la Bruja de la Esperanza con este signo. Al igual que nuestra bruja, Sagitario es un signo con una gran fuerza interior, una fuerza que puede reflejarse tanto a nivel físico, como mental, y/o espiritual. Una de las características que mejor define a esta bruja es la de su altruismo y su tendencia a perseguir sus metas e ilusiones. Al igual que Sagitario, se trata de una bruja que pocas veces se dejará vencer por el desánimo, ya que siempre se negará a perder sus sueños y esperanzas.

La Bruja Moderna: probablemente, podríamos comparar a esta bruja con Urano. Urano es un planeta caracterizado por su originalidad y excentricidad. Se trata de un planeta con tendencia a los cambios y a favorecer el progreso y las ideas avanzadas. Por su parte, nuestra bruja es una bruja rebelde y anticonvencional; una bruja que tiene muy poco que ver con los tradicionalismos. También podemos asegurar que tanto la Bruja Moderna como el planeta Urano son grandes amantes de las nuevas tendencias y acérrimos defensores de las modernas tecnologías. En realidad, ambos son perfectamente capaces de deshacerse de todo lo «viejo» para dar paso a lo «nuevo».

La Bruja de los Sueños: en esta ocasión, podríamos vincular a nuestra bruja con Neptuno. Neptuno es un planeta conocido por sus efectos poco tangibles, un planeta íntimamente relacionado con el mundo de los sueños, es decir, que potencia las facultades psíquicas y favorece la espiritualidad y la inspiración. Y, con respecto a la Bruja de los Sueños, podemos afirmar que lo que más caracteriza a esta bruja es su marcada tendencia a los sueños y a las premoniciones, así como su acusado interés por todo lo oculto, lo misterioso y lo desconocido.

La Bruja Guerrera: esta bruja comparte multitud de similitudes con el signo de Aries. Aries es un signo caracterizado por su valor, por su audacia y su entusiasmo. Posee una energía fuera de lo común, así como una gran confianza en sí mismo, aunque a veces puede mostrarse algo impulsivo e imprudente. Con respecto a la Bruja Guerrera, podemos asegurar que se trata de una bruja sumamente valiente e intrépida, una bruja que se dejará llevar por sus instintos más primarios y que luchará con el fin de proteger y defender a aquellos a los que ama.

La Bruja del Laberinto: aunque esta bruja no guarde ninguna relación realmente significativa con la astrología, en cierta forma nos recuerda a los signos mutables, en particular al signo de Piscis. Los signos mutables son indecisos por naturaleza y, de hecho, al igual que sucede en un laberinto, son capaces de dar mil y un rodeos, o incluso de llegar a perderse por el camino, antes de llegar a la meta. Por su parte, Piscis es un signo de Agua sumamente influenciable, un signo caracterizado por su acusada tendencia a dejarse dominar por las inquietudes, las preocupaciones y el desasosiego. Y, a su vez, la Bruja del Laberinto también nos transmite una sensación de incertidumbre, como si se sintiese perdida en un mar de dudas e indecisiones.

La Bruja Lunar: y, finalmente, a la última carta del Tarot de las Brujas, es decir, a la Bruja Lunar, podríamos relacionarla con la Luna. El arcano de esta bruja es el veintiocho, el número que se corresponde con los días del ciclo lunar. La luna se caracteriza por su inconstancia, su indecisión y sus deseos de cambio. Se trata de un planeta sumamente receptivo y con gran magnetismo. Y, a su vez, nuestra bruja nos refleja a la perfección esta naturaleza lunar, ya que pone de manifiesto los sentimientos y las emociones del consultante, lo que aumenta su imaginación y su intuición, así como su receptividad.

Principales correspondencias entre el Tarot de las Brujas y las runas

Y, por último, he aquí un breve resumen de las principales correspondencias entre nuestras brujas y las runas.

La Aprendiz de Bruja: la runa que más se asemeja a la Aprendiz de Bruja es Ansuz, la runa número cuatro, ya que, al igual que este arcano, nos proporciona nuevos conocimientos, aumenta la facilidad de palabra y de expresión y favorece las capacidades adivinatorias.

La Bruja Sabia: por una parte, podríamos comparar a la Bruja Sabia con la runa Uruz. Debemos tener en cuenta que tanto esta runa como la carta coinciden en número, ya que a ambas les corresponde el número dos. Sin lugar a dudas, una de las cualidades que mejor las representa sea la sabiduría. Pero, por otra parte, también podemos comparar a esta bruja con Hagalaz, la runa número nueve. Y, Hagalaz, al igual que la Bruja Sabia, es sinónimo de conocimiento, de experiencia y de evolución.

La Madre Bruja: en este caso, la runa que se corresponde con la Madre Bruja es Jera, es decir, la runa número doce. Al igual que el arcano número tres del Tarot de las Brujas, esta runa representa la fecundidad y la fertilidad en todos sus aspectos. Se trata de una runa que simboliza la naturaleza cíclica del ser humano de la que, sin duda alguna, forma parte el nacimiento.

La Bruja de la Paz: en primer lugar, podríamos comparar a esta bruja con la runa Raidho. Debemos tener en cuenta que ambas coinciden en número: el número cinco. Las características más significativas de esta runa son el buen juicio y la armonía, puesto que, al igual que la Bruja de la Paz, ésta eleva la conciencia y fomenta las buenas relaciones entre las personas. Por otra parte, también podríamos comparar a este arcano con la runa número siete, es decir, con Gebo. Esta runa, al igual que nuestra bruja, también representa el amor fraternal y la armonía entre los seres.

La Bruja del Amor: a la runa que más se asemeja esta carta es a Ehwaz, es decir, a la runa número nueve. Ehwaz, al igual que nuestra bruja, representa la dualidad del ser humano y es un claro símbolo de las relaciones hombre-mujer.

La Bruja de la Suerte: Othala, la runa veinticuatro, es la que más se parece a la Bruja de la Suerte. Al igual que nuestra bruja, Othala aumenta la suerte del consultante al proporcionarle riqueza y prosperidad

La Bruja de la Montaña: la runa más parecida a la Bruja de la Montaña es Sowilo, la runa número dieciséis. Sowilo, al igual que la Bruja de la Montaña, otorga una gran fuerza interior y conduce al consultante a través de los difíciles y escarpados caminos de la vida. Actúa como guía y proporciona prudencia, espiritualidad e iluminación.

La Bruja del Lago: la runa que más se parece a esta carta del Tarot de las Brujas es la número cuatro, es decir, Ansuz. Esta runa, al igual que la Bruja del Lago, representa la inspiración y la comunión divina y provoca una especie de éxtasis en el consultante. Esta runa proporciona un gran encanto y mucho magnetismo.

La Bruja Rebelde: en realidad, no hemos podido encontrar ninguna runa que se pareciese a la Bruja Rebelde y, por ello, hemos considerado más oportuno omitir cualquier tipo de comparación.

La Bruja Triste: probablemente sea la runa número diez, Naudhiz, la que más se parezca a la Bruja Triste. Esta runa, al igual que nuestra bruja, pone de manifiesto las necesidades personales y simboliza la aflicción en su estado más puro.

La Bruja del Fuego: por una parte, a la Bruja del Fuego podríamos asociarla a la runa número dieciséis, es decir a Sowilo. Sowilo representa al sol arquetípico, por lo que, y al igual que nuestra bruja, nos refleja una idea de luz y de calor. Pero, por otra parte, también podríamos asociarla a Laguz, la runa número veintiuno. Laguz nos proporciona una gran energía y vitalidad, la misma energía y vitalidad que caracteriza a la Bruja del Fuego.

La Bruja de las Flores: aunque, en el fondo, las similitudes no sean demasiado palpables, probablemente sea la runa número dieciocho, es decir, Berkano, la que más se parezca a esta bruja. Berkano, al igual que la Bruja de las Flores, simboliza tanto la energía como la vida de la tierra y es la que contiene todo cuanto existe en ella.

La Bruja de las Nieves: en este caso, la runa que más se asemeja a esta bruja es Kenaz, es decir, la número seis. Kenaz simboliza el misterio de la regeneración a través de la muerte o de la destrucción y, al igual que la Bruja de las Nieves, representa el final de un ciclo y el principio de otro.

La Bruja del Arco iris: aunque, a simple vista, las similitudes no sean demasiado tangibles, al igual que ocurría con la Bruja de las Flores, en este caso, también podemos comparar esta carta con la runa número dieciocho, o sea, con Berkano. Berkano simboliza la energía de la vida, es decir, al sol, a este sol que trasmite toda su luz y alegría a la Bruja del Arco iris. Pero, por otra parte, teniendo en cuenta que se trata de la Bruja del Arco iris, también podríamos asociarla con Elhaz, la runa número quince. Esta runa proporciona profundos conocimientos y una elevada conciencia y puede considerarse como la puerta del arco iris de la mitología nórdica.

La Bruja de las Mareas: la runa que más se asemeja a esta carta es Laguz, la runa número veintiuno. Laguz representa las aguas originales y, al igual que nuestra bruja, actúa como guía a través de las pruebas y vicisitudes que nos imponen los cambios de la vida.

La Bruja de la Esperanza: con respecto a esta bruja, no hemos podido encontrar ninguna runa en concreto que pudiera representarla. Sin embargo, en el fondo, creemos que, a su manera, cada una de ellas podría ser una digna representante de la Bruja de la Esperanza. No debemos olvidar que nuestra bruja, al igual que el conjunto de las runas, está cargada de esperanza y de buenas intenciones.

La Bruja Moderna: en realidad, y dado que esta carta conserva similitudes con la Bruja Rebelde, en este caso, tampoco hemos podido encontrar ningún parecido entre ésta y alguna de las veinticuatro runas.

La Bruja de los Sueños: ninguna de las veinticuatro runas se parece a la Bruja de los Sueños. Sin embargo, consideramos que quizás sea Kenaz, la runa número seis, la que más se asemeja a nuestra bruja. Kenaz simboliza la llama de la antorcha que nos ilumina en la oscuridad de nuestros sueños. Esta runa representa los diferentes cambios de estado como, por ejemplo, de la vida a la muerte, de la vigilia al sueño, etc. Y, al igual que la Bruja de los Sueños, nos proporciona gran inspiración.

La Bruja Guerrera: en este caso, la runa más parecida a esta bruja es la primera runa, es decir, Fehu. Fehu representa la energía pura y arquetípica y nos proporciona una gran fuerza. También nos remite al poder simbolizado por las embestidas del ganado bovino y, por cierto, no podemos olvidar que, en astrología, la Bruja Guerrera se corresponde con el signo de Aries, es decir, con el signo del carnero.

La Bruja del Laberinto: con respecto a esta bruja, tampoco podemos establecer ninguna relación convincente con ninguna de las veinticuatro runas. No obstante, si tuviésemos que compararla con alguna, sin duda lo haríamos con la runa número catorce, es decir, con Perthro. Perthro simboliza los misterios del destino y, al igual que nuestra bruja, también nos transmite cierta incertidumbre ante el futuro.

La Bruja Lunar: y, finalmente, en cierto modo, a la última de nuestras brujas, es decir, a la Bruja Lunar, podríamos relacionarla con Ansuz, la runa número cuatro. Ansuz puede considerarse la runa de los hechizos y de la magia y representa el poder ancestral, transmitido de generación en generación. Al igual que nuestra bruja, esta runa favorece las capacidades adivinatorias y proporciona un gran magnetismo.

Índice

Prólogo	7
Introducción	9
Primera parte: El Tarot de las Brujas	11
1. La Aprendiz de Bruja	15
2. La Bruja Sabia	19
3. La Madre Bruja	23
4. El Gato Negro (comodín)	27
5. La Bruja de la Paz	31
6. La Bruja del Amor	35
7. La Bruja de la Suerte	39
8. La Lechuza (comodín)	43
9. La Bruja de la Montaña	47
10. La Bruja del Lago	51
11. La Bruja Rebelde	55
12. La Varita Mágica (comodín)	59
13. La Bruja Triste	63
14. La Bruja del Fuego	67
15. La Bruja de las Flores	71
16. La Fertilidad (comodín)	75

17. La Bruja de las Nieves	79
18. La Bruja del Arco Iris	83
19. La Bruja de las Mareas	87
20. La Escoba (comodín)	91
21. La Bruja de la Esperanza	95
22. La Bruja Moderna	99
23. La Hoguera (comodín)	103
24. La Bruja de los Sueños	107
25. La Bruja Guerrera	111
26. El Caldero (comodín)	115
27. La Bruja del Laberinto	119
28. La Bruja Lunar	123

Segunda parte: ejemplos de tiradas 127

La tirada del Sí y del No	131
La tirada de la cruz	139
La tirada de la cruz céltica	143
La tirada del pasado, del presente y del futuro	149
La tirada astrológica	153
La tirada del pulpo (o de las ocho cartas)	161
La tirada del amor	167
La tirada de Año Nuevo	171

Tercera Parte: correspondencias 175

Principales correspondencias entre el Tarot de las Brujas y el Tarot de Marsella	179
Principales correspondencias entre el Tarot de las Brujas y la astrología	185
Principales correspondencias entre el Tarot de las Brujas y las runas	191